COURS

THÉORIQUE

ET

PRATIQUE

DE LANGUE ET DE LITTÉRATURE FRANÇOISE.

Ouvrage entrepris par ordre du Roi.

PAR

J. C. DE LA VEAUX,

PROFESSEUR ROYAL A BERLIN.

Premier Cahier. Janvier 1784.

---

tome premier complet

A BERLIN,

Chez l'Auteur, & chez ARNOLD WEVER.
1874.

X

COURS
THÉORIQUE
ET
PRATIQUE
DE LANGUE ET DE LITTÉRATURE FRANÇOISE.

Ouvrage entrepris par ordre du Roi.

PAR

J. C. DE LA VEAUX,
PROFESSEUR ROYAL A BERLIN.

TOME I.

A BERLIN,
Chez ARNOLD WEVER, Libraire.
1784.

AU ROI.

S I R E !

CET Ouvrage doit fa naiffance aux ordres
& aux encouragemens de VOTRE MAJESTÉ.
J'ai tâché de le rendre digne de votre approbation & de vos regards. J'en ai écarté avec

soin la vile flaterie, qui n'honore personne;

& j'y ai présenté hardiment la vérité, qui

plaît toujours au vrai sage.

Je suis avec le plus profond respect,

SIRE,

DE VOTRE MAJESTÉ,

Le très-humble
& très-obéissant serviteur,
DE LA VEAUX.

TABLE.

TABLE

DES

ANNONCES ET CRITIQUES.

COURS

THÉORIQUE

ET

PRATIQUE

De Langue et de Littérature

Françoise.

AVANT-PROPOS.

Le style des écrivains françois semble dégénérer de jour en jour : la langue françoise, cette langue si noble, si douce, si claire, si élégante, perd tous les jours quelque chose de cette pureté qui la rendoit si recommandable dans le siècle de Louis XIV. On substitue les mots aux choses; on préfère le brillant au solide; on prend les écarts pour le génie; &, perdant de vue cette noble simplicité qui fait le charme des anciens chef-d'œuvres de la Grèce, on surcharge la langue d'une foule d'ornemens grotesques & bisarres qui la rendent méconnoissable.

Le néologisme, si favorable aux esprits médiocres, si pernicieux à la pureté du langage, fait tous les jours de nouveaux progrès. Chaque société se fait un jargon particulier inintelligible pour quiconque n'est pas initié dans ses mystères; chaque coryphée de ces sociétés consacre ce jargon

dans quelqu'ouvrage élevé jufqu'aux nues par ceux
qui s'y reconnoiffent & s'y admirent ; & l'homme
de génie qui étudie dans la folitude les chef-
d'œuvres de notre langue, fe trouve quelquefois
étranger au milieu de fa patrie.

En lifant les ouvrages de nos jeunes écrivains,
on fe demande avec chagrin : que font devenus les
Fléchier, les Boffuet, les Fénélon, les Rouffeau,
les Boileau, les Montefquieu, les Voltaire? qu'eft
devenu l'art qui a dirigé ces grands hommes?
qu'eft devenu ce langage noble & pur qui nous
charme dans leurs ouvrages?

C'eft bien pis encore quand on lit la plupart
des ouvrages françois écrits dans les pays étrangers. Quel langage barbare ! quels tours forcés!
quels termes impropres! quel ftyle lâche & entor-
tillé ! quel travail dans les conftructions ! Il eft
décidé que c'eft une chofe très-difficile pour les
étrangers de bien écrire en profe françoife; & je
dirois qu'il leur eft impoffible de faire jamais de
bons vers, fi nous ne connoiffions tous un poëme
didactique fait à trois cents lieues de Paris, dans
lequel on trouve un grand nombre de vers que

Boileau n'auroit pas défavoués, & une poéfie digne du beau fiècle de la littérature.

C'eft fans doute à la négligence avec laquelle on étudie la langue françoife qu'il faut attribuer, en grande partie, les fautes fans nombre qu'on découvre dans quelques écrivains de nos jours. Cette étude, sèche par elle-même, demande beaucoup d'application & de travail; & les fecours que nous avons eus jufqu'à préfent, quoique nombreux, ont paru peu propres à conduire au but.

Ce n'eft pas dans les règles sèches & ifolées d'une grammaire qu'on peut apprendre une langue. Toutes ces règles, fi l'on en excepte un très-petit nombre, varient, pour ainfi dire, felon le caractère & la nature de l'idée qu'on veut exprimer. La délicateffe & la propriété des tours; le choix des expreffions, la liaifon des idées; la variété, l'harmonie, le nombre, l'illufion du ftyle, toutes ces chofes ne s'apprennent point par des règles.

C'eft à force d'étudier les chef-d'œuvres dans tous les genres, à force de fe former une idée claire & précife de la fignification des termes, des

vrais rapports des mots, des phrafes & des périodes ; c'eft à force d'analyfer chaque penfée,
d'obferver les nuances, les couleurs, les variétés,
les gradations , qu'on peut parvenir à découvrir
le fecret des grands écrivains.

Les traductions, en offrant de fréquentes comparaifons, font auffi très-utiles à ceux qui veulent
fe former un ftyle pur. La contrainte que l'original impofe , force fouvent à rendre des idées
auxquelles on n'auroit jamais penfé fans cela; les
efforts qu'on fait pour les rendre , les différens
tours que l'on effaye pour y parvenir, la recherche des raifons pour lefquelles on croit devoir
préférer les uns aux autres, tous ces exercices,
lorfqu'ils font faits avec goût & avec intelligence,
conduifent à fentir les vrais principes, les rendent
familiers , & produifent enfin ce tact délicat qui
fait diftinguer aifément un bon ouvrage d'un mauvais ou d'un médiocre.

Les ouvrages mauvais ou médiocres peuvent
auffi contribuer à conduire au même but. Sentir
qu'une phrafe eft mauvaife ou qu'il y manque
quelque chofe, chercher les moyens de la corriger;

voilà le travail journalier des écrivains qui respectent affez le public pour ne lui offrir que ce qu'ils peuvent faire de mieux ; & voilà ce qu'on peut apprendre dans lès écrits défectueux.

Mon deffein eft de faire ici un ouvrage qui, en offrant tous les vrais principes de la grammaire & du ftyle, enfeigne, par un grand nombre d'exercices gradués, à les découvrir dans les bons ouvrages, & à en fentir le défaut dans les mauvais. On y trouvera des analyfes de plufieurs morceaux tirés de nos meilleurs écrivains, des traductions de différentes langues, avec des remarques qui apprendront à fentir le caractère diftinctif & le génie de ces langues, & qui feront appercevoir les écueils qu'il faut éviter en traduifant.

On joindra à ces exercices un cours complet de littérature, où l'on donnera une idée de tous les genres & une analyfe de quelques chef-d'œuvres.

Enfin, pour rendre mes remarques plus utiles aux auteurs françois qui écrivent en Allemagne, je donnerai à la fin de chaque cahier une critique impartiale de tous les ouvrages qui fortiront de leur plume. Puiffent mes foibles eff[illegible] fans les fâcher ! Si je me trompe, je me ferai un devoir de redreſſer mes erreurs, dès qu'on me les aura fait appercevoir. Voilà une des principales raiſons qui m'ont engagé à diſtribuer mon ouvrage par cahiers périodiques. Le premier cahier contient quelques réflexions générales ſur les cauſes de la décadence de la langue françoiſe en France & en Allemagne, ſur les moyens d'y remédier; quelques obſervations ſur le génie particulier de la langue françoiſe; & enfin un plan détaillé de tout l'ouvrage.

La tàche que j'ai à remplir ſeroit ſans doute au-deſſus de mes forces, ſi je n'étois encouragé par l'approbation & les ordres flatteurs du Héros dont le génie vient de créer un nouveau ſiècle. Le déſir de lui plaire me ſoutiendra dans cette carrière épineuſe; & ſi mon travail eſt ſuivi de quelques ſuccès, c'eſt à ce grand Roi que le public doit les attribuer.

COURS

THÉORIQUE

ET

PRATIQUE

DE LANGUE ET DE LITTÉRATURE FRANÇOISE.

RÉFLEXIONS GÉNÉRALES

SUR

LA LANGUE FRANÇOISE.

CHAPITRE I.

*Des caufes de la décadence de la langue françoife
en France & en Allemagne.*

POUR découvrir les caufes de la décadence de
la langue françoife, il eft à propos d'examiner auparavant comment elle eft parvenue au degré de
perfection que nous admirons dans les grands
écrivains.

Cette langue informe jufqu'au douzième fiècle, refta dans la barbarie jufqu'au règne de François I. C'eft fous ce prince qu'elle commence à prendre une marche régulière. Il y contribua beaucoup par fon amour pour les lettres, mais fur-tout par l'édit de Villers-Cotterets, donné en 1539. Jufqu'alors tous les actes publics avoient été écrits en latin ; toutes les procédures fe faifoient en latin, & les procès du peuple étoient plaidés & jugés dans une langue qu'il ne comprenoit point. François I. fentit le ridicule de cet ufage, & par l'édit dont je viens de parler, il ordonna que le françois feroit déformais la langue de la chancelerie & des tribunaux. Cette ordonnance eut des fuites heureufes ; & l'on fut obligé d'étudier le françois.

Rien n'étoit plus propre à perfectionner la langue. C'eft au barreau que naquit l'éloquence ; & c'eft de l'éloquence qu'une langue peut tirer fes principales richeffes. Faites une injure violente au plus groffier des hommes, enlevez-lui ce qu'il a de plus cher ; s'il peut vous traîner devant un juge, vous verrez fa phyfionomie s'animer ; fes regards,

ſes geſtes, ſes paroles, tout peindra le reſſenti-
ment de l'outrage & le déſir de la vengeance. A
travers ſon langage groſſier, vous appercevrez des
images, de la force, de l'énergie ; vous découvrirez dans ſon récit de l'ordre, de la liaiſon,
une certaine élégance ; il prendra naturellement
les tours propres à faire ſentir l'injuſtice de ſon
adverſaire, & à ſe concilier l'eſtime & la compaſſion de ſes juges.

Cependant cette réforme n'étoit encore qu'un
pas. La langue françoiſe étoit mépriſée. Eraſme,
le plus bel eſprit de ſon ſiècle, la dédaignoit.
Tout ce qu'on appelloit alors ſavant auroit cru
avilir les ſciences en leur faiſant parler un langage à la portée du vulgaire.

Deux partis diviſoient ces prétendus ſavans :
d'un côté les ſcholaſtiques & les théologiens parloient un langage inintelligible ; de l'autre les lati-
niſtes, admirateurs outrés des beautés des anciens, regardoient avec une eſpèce de reſpect religieux tout ce qu'ils avoient produits, & ſe ſer-
voient ſans goût & ſans diſcernement des tréſors
de l'antiquité : les uns & les autres négligeoient

[12]

la langue françoise, & prenoient leur latin barbare pour la langue des Cicéron & des Tite-
Live.

La poéfie ne contribue pas moins que l'éloquence à tirer une langue de la barbarie. La né-
ceffilé de donner aux phrafes une marche mefurée
& en même tems élégante, le befoin de peindre
les objets variés qui naiffent en foule dans une
imagination brillante & féconde, occafionnent des
efforts, font naître des obfervations ; les penfées
prennent mille formes diverfes fous la plume du
poète, f uvent il épuife toutes les tournures poffibles avant que de trouver celle qui lui convient;
fon oreille faifit avec avidité les plus harmonieu-
fes, les plus riches, les plus élégantes ; elle s'y
accoutume infenfiblement ; fon goût fe forme, &
fes ouvrages deviennent des modèles.

Tel eft le fervice que Malherbe rendit à la langue françoife. Il fut le premier fans doute qui mé-
rita vraiment le nom de poète françois.

Enfin Malherbe vint, & le premier en France
Fit fentir dans les vers une jufte cadence.

BOILEAU, *Art poétique.*

En effet, pouvoit-on honorer du nom de poéfies
le galimatias bigarré de grec & de latin qui fortit
de la plume barbare de ceux qui le précédèrent.
Quelle diftance de Ronfard à Malherbe ! Il n'y a
pas fi loin à beaucoup près de Malherbe à Rouffeau.

C'eft au dix-feptième fiècle, lorfqu'on ceffa
d'écrire en latin, que la langue françoife prit vraiment un caractère ; c'eft alors que l'Académie françoife fut établie pour juger du bon ufage & fixer
les lois du langage ; c'eft alors que les encouragemens & les bienfaits de Louis XIV firent naître
des grands hommes dans tous les genres. Quand la
confidération & la fortune furent la récompenfe
des grands talens, ils parurent en foule. On vit
renaître dans nos tribunaux & dans nos églifes
l'éloquence de la Grèce & de Rome : Paris eut fes
Sophocles & fes Térences ; & la France ne connut
plus de rivale dans la carrière des lettres.

Une langue s'étend à mefure que les connoiffances augmentent. De nouvelles fciences paroiffent dans le dix-feptième fiècle. Les nouvelles
découvertes faites en phyfique, en méchanique,
en aftronomie, perfectionnent les fciences qui en

dépendent. On fent la néceffité de l'algèbre & de la géométrie; & l'algèbre & la géométrie conduifent à la vraie philofophie. Plus on acquiert de connoiffances, plus le befoin de les développer augmente. La multiplicité & la complication des rapports font naître de nouvelles difficultés; on fait de nouveaux efforts, & la langue rend aux fciences les fervices qu'elle en a reçus.

Une chofe qui ne contribua peut-être pas moins à la perfection de la langue, que les caufes dont je viens de parler; c'eft le Journal des Savans, commencé à Paris en 1665. Ce Journal, le premier & le plus ancien des journaux, s'eft confervé jufqu'à nos jours. On fentit bientôt le fervice qu'il rendoit à la littérature. Le célèbre Colbert, dont le nom eft fi cher aux lettres, le protégea & le foutint de tout fon pouvoir. Dans la fuite, le chancelier lui-même choifit un certain nombre de favans pour le compofer fous fes yeux. Depuis ce tems-là, il a toujours été compofé fous la protection du gouvernement: c'eft toujours le chancelier qui choifit les auteurs, & qui préfide à leurs affemblées.

En effet, rien ne forme plus le goût des écrivains & des lecteurs qu'une critique jufte & févère. L'homme de génie qui commence à prendre un eſſor, trouve dans un bon journal un ami fincère qui lui découvre ſes défauts, qui l'avertit de ſes écarts, qui le dirige & lui trace la route qu'il doit ſuivre. Le bon écrivain y reçoit le jufte tribut d'éloges que méritent ſes travaux; & le ſot préſomptueux, couvert du ridicule qu'il s'eſt attiré, abandonne à jamais une carrière pour laquelle il n'étoit pas né. Telles ſont les principales cauſes qui ont porté la langue françoiſe au point de perfection où nous la voyons dans les bons auteurs du fiècle de Louis XIV.

Mais fi ces cauſes contribuèrent à perfectionner la langue françoiſe, il en eſt d'autres qui retardèrent ſes progrès. A quel degré de perfection ne ſeroit-elle pas parvenue fi tout avoit concouru à la favoriſer. La langue d'une nation s'enrichit à proportion de l'étendue de ſes idées, & les idées ne s'étendent que par la liberté. Le defpotiſme religieux ſoutenu par le defpotiſme politique, abrutit l'humanité plus que le climat & la pauvreté.

L'inquifition a flétri la raifon dans les riantes con-
trées de l'Efpagne, du Portugal & de l'Italie, &
la liberté a fait naître la véritable philofophie au
milieu des glaces du Nord. En France, les écrivains laborieux qui ont étendu les bornes de la
philofophie, ont toujours été perfécutés par la
forbonne ou par les évêques. Ces vils fainéans que
l'ignorance & la fuperftition ont couverts de
pourpre, s'engraiffent orgueilleufement de la fubftance du peuple, & ne s'arrachent des bras de la
débauche que pour perfécuter quiconque ofe avoir
de la raifon. Les ouvrages des grands écrivains
que la France à produits feront à jamais fa gloire,
mais les viles cenfures de la forbonne lui préparent une honte éternelle.

Il eft glorieux, fans doute pour le gouvernement
d'avoir protégé le Journal des Savans; mais cette
gloire feroit bien plus grande encore, s'il ne mettoit pas en même tems à fa liberté des écrivains
les bornes chimériques que fes craintes & fes préjugés lui ont fait imaginer.

Ce n'eft pas l'éducation qui contribua à réfor-
mer la langue. Nos collèges fe reffentent encore

de

de nos jours des tems de barbarie où ils ont été fondés. L'étude du latin & du grec, doit affurément faire une partie effentielle de l'éducation. Les chef-d'œuvres que l'antiquité nous a tranfmis dans ces deux langues, feront à jamais nos modèles. Les Grecs fur-tout nous apprendront à tirer de la nature même le vrai fublime; & c'eft peut-être pour ne les pas affez étudier que nous prenons les ornemens pour des beautés, que nous préférons la parure à la phyfionomie.

Mais cette étude ne doit pas être notre étude principale : c'eft le génie de ces écrivains qui doit nous infpirer ; ce n'eft pas leur langue qui doit nous fournir des expreffions & des couleurs : il s'agit de les fentir & de les comprendre ; il ne s'agit pas de parler comme eux. Cependant à voir la manière dont nous enfeignons ces langues aux jeunes gens, on diroit qu'ils font deftinés à n'en parler jamais d'autres. Dès l'âge de fept ans, on courbe la tête des enfans fur des livres grecs & latins ; & pendant huit ans ils n'apprendront pas autre chofe. Encore fi l'on fe bornoit à tâcher de les leur faire comprendre : mais il faut qu'ils travaillent à compofer eux-mêmes dans ces langues ; il faut qu'ils faffent du latin, & qu'ils le faffent felon les règles de la grammaire. Et le françois qu'ils doivent parler, qu'ils doivent écrire, il n'en eft pas queftion. En fortant des humanités, parlez latin, fi vous voulez; mais fi vous vous deftinez à quelqu'emploi, à quelqu'é-tude, dont la connoiffance de votre langue faffe la bafe, recommencez vos études, vous n'avez rien appris.

Il me femble que l'étude de la langue nationale devroit faire par-tout la bafe de l'éducation des citoyens. Le tems que nous y employerions ne feroit pas perdu pour les langues étrangères : l'ana-logie nous feroit faire enfuite des progrès bien plus rapides. Il eft ridicule de nous faire apprendre les règles de la grammaire fur une langue que nous ne favons pas. Une grammaire, quelconque, n'eft qu'une fuite d'obfervations fur une langue. Avant que d'obferver il faut connoître ; & l'on veut faire comprendre à des enfans de fix ans ce que c'eft qu'un fubftantif, en leur donnant pour exemple des mots qu'ils n'ont jamais entendus, & dont ils

ne comprennent point le fens ! Avec quelle facilité un enfant ne comprendroit - il pas les élémens
de la grammaire, fi on commençoit par les lui
faire appercevoir dans les phrafes que fes befoins
ou fes plaifirs lui ont rendues familières ! avec
quelle facilité ne les appliqueroit-il pas enfuite aux
autres langues, lorfque l'ufage l'auroit mis en état
de les comprendre !

D'ailleurs, rien ne conduit mieux à la connoiffance des chofes inconnues que le rapport qu'elles
ont avec celles que nous connoiffons. C'eft donc
l'étude de la langue françoife qui devroit conduire
à celle des autres langues; c'eft donc par cette
étude qu'il faudroit commencer.

Jufqu'ici je n'ai parlé que des humanités; mais
c'eft fur-tout dans la manière dont on enfeigne en
France la philofophie & la théologie, qu'on remarque des reftes fenfibles de cette barbarie fcho-
laftique qui fut fi funefte aux fciences & à la raifon. Inftruifez un fauvage, un huron, apprenez-
lui le françois & le latin; faites-lui lire la Hen-
riade & l'Efprit des lois, apprenez-lui les découvertes que nous venons de faire en phyfique, en

mathématiques, en aftronomie; amenez-le à Paris, introduifez-le dans une école de philofophie, ou faites-le affifter à une thèfe de forbonne, quel fera fon étonnement en voyant nos jeunes gens efcrimer dans un latin barbare fur l'univerfel, *à parte rei*, fur le *malum qua malum*, fur l'immaculée conception, fur la philofophie d'Adam, ou la grâce efficace ! Qu'il demande alors où font les écoles où l'on forme les Montefquieu, les Voltaire, les Roufleau, les d'Alembert, les Buffon, les Marmontel ? fi l'on veut être vrai, il faudra lui répondre : ces grands hommes fe font formés d'eux-mêmes dans l'obfcurité & le filence, & ils font perfécutés tous les jours par ces miférables faifeurs d'argumens qui outragent le fens commun. Alors il s'écriera fans doute, que c'eft nous qui fommes les fauvages, & il regrettera le pays des hurons, où il n'y a point de théologiens qui faflent la guerre au bon fens.

L'enfance eft le tems où l'on doit commencer à former le goût & la raifon : ce n'eft pas celui d'apprendre des fciences qui exigent du raifonnement ; il faut apprendre à raifonner auparavant.

La poéfie, l'éloquence, la mufique; en un mot les beaux-arts : voilà ce qui forme le goût. Les premières impreffions font inneffaçables. Accoutumez les enfans à un langage doux & harmonieux; formez leurs oreilles aux charmes de l'élégance & de la mélodie; ornez leur mémoire des plus beaux morceaux de nos poètes & de nos orateurs, & vous jetterez en eux les femences du bon goût. Ils ne les comprendront pas, me répondra peut-être Rouffeau? Non fûrement; & mon deffein n'eft pas encore de les leur faire bien comprendre. Mais leurs organes fe formeront machinalement aux grâces de la poéfie & de l'éloquence; mais ils ne pourront fupporter tout ce qui s'écartera tant foit peu de l'idée habituelle qu'ils fe feront formée de la douceur & de l'harmonie du langage; mais s'ils écrivent, ils écriront d'une manière conforme à ces idées, ou ils n'écriront jamais : mais ils fe formeront un magafin précieux de richeffes dont la raifon & le tems leur découvriront l'ufage. Et que diroit-on aux enfans fi on ne leur difoit que ce qu'ils comprennent?

C'eft dans les fciences qu'il eft dangereux de

faire apprendre des chofes que l'on ne comprend pas. C'eft en morale, en philofophie que cet ufage néceffairement pernicieux, ouvre l'ame ingénue des jeunes gens aux erreurs & aux abfurdités de toute efpèce que les impofteurs voudront y introduire. Dans les arts dont je parle, il ne s'agit que de l'harmonie des phrafes & des périodes, de l'élégance des tours, de la douceur des fons: c'eft un enfant que l'on deftine à la mufique & qu'on veut préparer à fentir un jour tous les charmes de cet art, en accoutumant fon ame aux morceaux les plus délicieux des grands maîtres.

Mais quels font les premiers livres qu'on met entre les mains des enfans? Des livres faits pour les dégoûter à jamais de l'étude & de la lecture, des méthodes, des rudimens, des particules, livres hériffés de règles barbares, des catéchifmes plus barbares encore.

C'eft fur-tout en leur enfeignant la religion qu'on pourroit faire paffer dans leur ame le goût du beau, en même tems qu'on les formeroit à la vertu. Quels objets plus propres à être traités d'une manière pure & élégante que les grandes vérités de la religion ! L'exiftence de Dieu, la magnificence de fes œuvres, le vif fentiment de fes bienfaits, l'expreffion naïve & l'effufion abondante d'un cœur enflammé de reconnoiffance & d'amour; la piété filiale, les charmes de la douceur, les douceurs de l'innocence, les angoiffes de la haine; voilà autant de fujets fufceptibles de l'éloquence la plus vraie, la plus noble, la plus fimple, & en même tems la plus fublime.

Mais pour faire de tels difcours, il faudroit croire ces grandes vérités, il faudroit en être perfuadé dans le fond de fon cœur. On exprime mal ce qu'on ne croit point : voilà pourquoi tous les catéchifmes de nos évêques & de leurs grands-vicaires font fi mal faits; voilà pourquoi ils ne les feront jamais tels qu'on devroit les faire. Cette tâche n'appartient qu'aux vrais philofophes; & les vrais philofophes ne font pas évêques.

Quant à la raifon des enfans, on ne peut la former que par les élémens du calcul & de la géométrie. Les premiers principes de ces fciences, appliqués à des objets fenfibles, & enfeignés par des hommes intelligens & amis des enfans, ces premiers principes ne feroient point au‑deſſus de leur portée. Orner la mémoire des enfans des morceaux les plus purs & les plus éloquens dans les langues qu'on veut leur faire apprendre, for‑ mer leur raiſonnement par les élémens du calcul & de la géométrie; voilà les premières études de l'enfance & les feules dont elle puiſſe profiter juſ‑ qu'à douze ans. Parvenus à cet âge, c'eſt alors qu'on peut développer les connoiſſances qu'ils ont acquiſes, ils apprendront la grammaire en faiſant des obſervations ſur les morceaux dont leur mé‑ moire eſt remplie. Ces mêmes obſervations pouſ‑ ſées plus loin, les conduiront à la connoiſſance des règles de l'éloquence. Et ces ſciences tirées des mêmes ſources, des ſources que l'habitude leur aura rendues familières, s'imprimeront bien plus fortement dans leur eſprit, les occuperont bien plus agréablement que ſi elles ne leur euſſent pré‑ ſenté que des idées étrangères & nouvelles.

Il en eſt de même de la géométrie & du calcul. La méchanique, la géographie, l'hiſtoire, l'art militaire, tout eſt fondé ſur des raiſonnemens & ſur des combinaiſons; tout ſera le développement d'une étude familière, tout fera l'application des principes fimples dont la lumière les a frappés mille fois. Ils auront acquis de la raifon & du goût, la fphère de leurs connoiffances s'étendra bientôt; s'ils écrivent, ils le feront dignement, à moins qu'ils ne foient totalement dépourvus de génie.

L'ufage de la langue latine, dans l'églife romaine, a contribué, fans doute, à retarder les progrès de la langue françoife. Par une bifarrerie finguliere, on enfeigne aux enfans à lire le latin avant que de leur apprendre leur propre langue : les fons de ces deux langues fe confondent dans leur petite tête. C'eft en latin qu'ils prient, qu'ils chantent dans les églifes; c'eft en latin que font célébrés les myftères de la religion; c'eft du latin qu'ils apprennent dans leurs écoles, dans leurs maifons, dans leurs églifes; c'eft par le latin qu'ils peuvent plaire à leurs parens, à leurs prêtres; c'eft le latin qui peut leur attirer les louanges, l'approbation, la tendreffe de tout ce qu'ils doivent chérir & refpecter. Quel miracle s'ils fongent un inftant à la langue de leur pays! quel miracle s'ils ne la méprifent pas!

[26]

Lorfque François I ordonna que tous les actes
de juftice feroient écrits en françois, il vouloit
tirer la langue de la barbarie & hâter fes progrès:
il ne penfoit pas qu'on conferveroit une partie de
ce langage, même lorfqu'il feroit devenu barbare.
Autrefois chaque tribunal avoit fon jargon particulier. Une ordonnance de 1667 eut pour but de
rendre par-tout la procédure uniforme. On avoit
même deffein de faire des formules imprimées pour
tout le royaume, d'y introduire un ftyle uniforme.
C'étoit quelque chofe; & il auroit été plus facile
enfuite de ramener ces formules à un langage
fi non élégant, du moins fupportable; mais le
peuple des gens de loi fit naître mille difficultés;
& la chofe n'eut pas lieu.

Ces obftacles retardèrent les progrès de la langue
dans le beau fiècle de la littérature. Aujourd'hui
que la plupart des caufes favorables ont difparu,
ils contribuent à fa décadence: les écoles font à
peu près fur le même pied; l'éducation eft auffi
mauvaife; la cenfure plus defpotique que jamais;
l'églife romaine pfalmodie toujours fon mauvais
latin; la forbonne foutient fes thèfes ridicules, &

les tribunaux n'ont pas quitté leur jargon inintelligible.

Mais d'un autre côté on ne donne plus en
France les mêmes encouragemens aux fciences.
C'eft du fond du nord que les récompenfes viennent chercher nos philofophes : c'eft le roi de
Pruffe & l'impératrice de Ruffie qui les encouragent; & ce font les femmes qui procurent des
places à l'académie françoife.

La plupart des journaux ont pris un ton com-
plimenteur qui devient fade & infipide ; ou ils
louent baffement, ou ils déchirent avec rage.
Leurs arrêts font dictés par la partialité ; & le befoin de fe procurer un plus grand nombre de fous-
cripteurs, ou de fe venger d'un ennemi, détermine prefque toujours leur jugement. Les bons
écrivains s'en moquent; le public les méprife, &
leurs critiques ne corrigent plus perfonne. Je n'en
connois que deux qui méritent le fuccès qu'ils ont
eu : c'eft le journal de Paris & le journal ency-
clopédique.

La révocation de l'édit de Nantes, cet acte de
foibleffe, que tous les bons françois voudroient

arracher de la vie de Louis XIV, & que les philofophes y laifferont pour l'exemple des rois, la révocation de l'édit de Nantes répandit un grand nombre de françois en Allemagne, en Angleterre, en Hollande & en Suiffe. Mais la langue françoife y étoit déjà prefqu'auffi cultivée qu'elle l'eft aujourd'hui parmi les gens riches & bien élevés. Si les réfugiés ont contribué à l'étendre dans ces pays, ce n'eft guère que parmi le peuple. Et comment le peuple apprend-il une langue étrangère?

. Le Brandebourg fut, fans doute, le pays où accoururent le plus grand nombre de réfugiés : ils y refluèrent de la Suiffe & de la Hollande. Les bienfaits du grand Electeur ne contribuèrent pas peu à les attirer. Mais ces bienfaits augmentèrent la foule d'une grande quantité de populace, que l'inconftance, la pareffe, ou l'efpérance d'un meilleur fort avoient pouffés hors de leur patrie, plutôt que le zèle de la religion. Les gentilshommes & les gens de quelque mérite furent placés à la cour ou dans les armées; le refte fut obligé de s'appliquer au commerce, aux fabriques ou aux métiers. Si l'on en croit deux prêtres de

la Colonie françoife de Berlin, le plus grand
nombre des réfugiés étoient des gens fimples &
obfcurs. (*a*) Affurément l'induftrie de ces premiers colons, leur zèle, leur activité, leur économie font dignes de louanges. Plufieurs d'entr'eux
ont fait des fortunes confidérables ; mais en travaillant à s'enrichir, ils ne fongèrent guère à perfectionner la langue ; & en changeant leur fituation, ils ont confervé le langage de leur premier état.

Ce langage étoit mauvais par lui-même ; parce
que par-tout le peuple parle mal : il l'étoit
davantage encore, parce que ce peuple étoit
forti de plufieurs provinces de France, qui ont
chacune leur patois particulier. Selon les mêmes prêtres, (*b*) la plupart des réfugiés qui
vinrent dans le Brandebourg étoient fortis du
Languedoc, du Dauphiné & de la Provence. Les
patois de ces trois provinces fe réunirent comme

(*a*) Mémoires pour fervir à l'hiftoire des réfugiés
françois dans les Etats du Roi, par Erman & Réclam :
Tom. I, pag. 285 & 350.

(*b*) Item pag. 239.

les gens qui les parloient; le commerce qu'ils fu‑
rent obligés d'avoir avec les allemands leurs bien‑
faiteurs, corrompit encore plus leur langage ; &
c'eſt ainſi que ſe forma ce patois barbare que l'on
parle encore aujourd'hui dans la Colonie françoiſe
de Berlin, & dont la prononciation ſur‑tout eſt ſi
déſagréable.

Cependant quelques miniſtres diſtingués par
leurs talens & leurs connoiſſances , conſervèrent
pendant un certain tems, parmi les réfugiés, quel‑
ques veſtiges de la langue françoiſe. Beauſobre,
Lenfant, Péloutier & quelques autres, furent des
gens de lettres diſtingués : mais leurs ſucceſſeurs
n'héritèrent pas de leurs talens. Les fils des riches
colons préférèrent la conſidération que procurent
les richeſſes, à celle que produiſent la ſcience &
les travaux apoſtoliques. Les chaires ne furent plus
guère remplies que par des jeunes gens tirés de la
claſſe la plus obſcure de la Colonie, & ils y por‑
tèrent le langage de leurs familles. (c)

Ces cauſes ne contribuent pas ſeules à corrompre

(c) Voyez la feuille hebdomadaire intitulée : *Le Maître
de langue.* Leipzig, 1783.

le langage des réfugiés. La vieille traduction de la Bible dont ils fe fervent, les vers gothiques qu'ils chantent dans leurs églifes, les catéchifmes qu'ils font apprendre à leurs enfans, tout a contribué chez eux à corrompre la langue & à former dans leurs écrivains ce ftyle que Mr. de Voltaire appelloit *le ftyle réfugié.*

Le latin des catholiques ne nuit pas tant à la langue que le mauvais françois des réfugiés. Le premier retarde ou arrête les progrès; le fecond corrompt.

Voici quelques paffages de la Bible tels qu'ils font rapportés dans le catéchifme de la Colonie de Berlin, qu'on fait apprendre avec foin aux enfans. Tous ceux qui me connoiffent favent le refpect que j'ai pour la Bible, & jufqu'à quel point je fuis perfuadé qu'elle doit être fans ceffe entre les mains des fidèles & fur-tout des enfans. Mais eft-il néceffaire que les faintes vérités qu'elle contient foient préfentées fous une forme dégoûtante? fautil gâter l'efprit des enfans en leur formant le cœur? faut-il leur préfenter d'une manière obfcure les vérités fi claires de ce livre divin? Laiffons aux

charlatans & aux impofteurs le langage énigmati-
que : la vérité ne craint point la lumière.

*Ma chair & mon cœur étoient confumés ; mais
Dieu eft le rocher de mon cœur, & mon partage à
toujours.*

*Car voilà ceux qui s'éloignent de toi périront, tu
retrancheras tous ceux qui fe détournent de toi.*
Pf. LXXIII. v. 26 & 27.

Quelles idées les enfans peuvent-ils attacher au
premier verfet ? *Le rocher de mon cœur ?* quel
langage !

Car voilà ceux qui s'éloignent de toi périront,
&c. &c. Un enfant qui a cette phrafe dans la mémoire, en formera tous les jours fur ce beau modèle ; & quand on l'appellera, il répondra tout
naturellement, *voilà je viens.*

*Il n'y a aucune créature qui foit cachée devant
lui, mais toutes font* nues *& entièrement* ouvertes
aux yeux de celui devant lequel nous avons affaire.
Heb. VI. v. 12.

*Des créatures nues ! des créatures ouvertes de-
vant Dieu ! avoir affaire devant quelqu'un !* quelles
phrafes !

Avant

Avant que les montagnes fuſſent nées.

Des montagnes qui naiſſent!

Nous ſavons que ſi notre habitation terreſtre &c.
cette loge *eſt détruite, nous avons un édifice de* par
Dieu *ſavoir une maiſon éternelle dans les cieux* qui
n'eſt point faite de main. 2. Cor. 5. v. 1.

Ne diroit-on pas qu'on dit *de par Dieu* comme
on dit *de par le Roi* ? Qu'eſt-ce qu'un édifice qui
n'eſt point fait *de main*?

Ta parole eſt une lampe à mon pied, & une lu-
miére à mon ſentier. L'entrée de tes paroles illumine,
& donne de l'intelligence aux ſimples. Pſ. CXIX.
v. 105 & 130.

Un tel langage n'eſt aſſurément pas une lampe
au pied de ceux qui veulent apprendre le françois,
ni une lumière à leur ſentier. *Une entrée de paroles*
qui illumine & qui donne de l'intelligence n'eſt guère
françoiſe.

La loi de l'Eternel eſt parfaite & reſtaurant *l'ame.*
Pſ. XIX. v. 8.

Voilà un *reſtaurant* bien lacé!

Ne vend-on *pas deux paſſereaux* pour *un ſou* &c.
Matth. X. v. 29.

C

Cette phrafe a fait fortune dans la colonie ; & on entend dire tous les jours, *on vend cela* pour *un écu.*

Car dès le jour que tu en mangeras (du fruit défendu) tu mourras de mort &c. Gen. II. v. 16. 17.

Comme fi l'on pouvoit mourir de vie!

Qu'eft-ce que de l'homme mortel qu'il *foit pur, & de celui qui eft né de femme* qu'il *foit jufte.*

Et toi, Bethléem petite pour être *entre les milliers de Juda, de toi,* me fortira *celui qui doit être dominateur en Ifraël* &c.

Telle eft la profe que l'on fait apprendre journellement par cœur à tous les enfans des réformés. Les vers qu'ils chantent dans leurs églifes font encore plus pitoyables.

Voici un pfeaume qui pourra nous en faire juger.

PSEAUME CXXXVII.

I.

Affis aux bords de ce fuperbe fleuve,
Qui de Babel les campagnes *abreuve,*
Nos triftes cœurs ne penfoient qu'à Sion;
Chacun hélas! dans cette affliction,
Les yeux en pleurs, *la mort peinte au vifage,*
Pendit fa harpe aux faules du rivage.

Abreuyer dans le sens actif ne se dit que des bêtes & particulièrement des chevaux. *La mort est peinte sur le visage* & non *au visage.*

2.

Ceux qui captifs en ces lieux nous menèrent
Nos hymnes saints cent fois nous demandèrent
Ils nous pressoient *de les leur réciter;*
Ha! dîmes-nous pourrions-nous *les chanter?*
Quoi! nous pourrions dans une terre *étrange*
De notre Dieu profaner la louange!

3.

Puisse ma main oubliant *la science*
Laisser mon luth languir dans le silence;
Si de Sion je perds le souvenir!
Puisse ma langue *à mon palais tenir,*
Jérusalem! si jamais j'ai de *joye*
Que dans tes murs la paix je ne *revoye.*

4.

Mais toi, Seigneur! *remets dans ta mémoire,*
De nos malheurs la déplorable histoire
Les fils d'Edom, SOUVIENS-T'EN, s'écrioient,
Lorsqu'en fureur ta ville ils ruinoient
Vite, abatez qu'elle soit embrasée,
Et jusqu'au pied des fondemens rasée.

Ce *souviens-t'en* eſt d'une platitude dégoûtante, & d'une familliarité impie.

5.

> Fière Babel qui réduis tout en cendre
> Heureux celui qui doit un jour te rendre,
> Les maux cruels que ta main nous a faits ;
> Heureux qui doit te détruire à jamais,
> Qui t'arrachant tes enfans des mamelles,
> Ecraſera leurs têtes infidelles.

Cette dernière ſtrophe eſt ſur-tout remarquable par la délicateſſe & la beauté du ſentiment.

Voici une ſtrophe qui offre une chûte admirable.

> Un jour, un jour, de ton ſein ſortira
> Le Rédempteur de ſon peuple fidèle ;
> Il mettra fin à ſa peine cruelle
> Iſraël libre enfin triomphera
> *Jacob rira.*

Cette chûte ſeule ſuffiroit pour faire rire toutes les tributs enſemble.

Tels ſont les livres que les prêtres ſont obligés de lire & de méditer ; telles ſont les premières phraſes que l'on imprime dans la mémoire des en-fans ; tels ſont les vers barbares deſtinés à exprimer

J'hommage qu'ils rendent à l'Être suprême. Il est impoſſible de bien parler françois quand on a la tête pleine de toutes ces phraſes. Il faut donc néceſſairement que parmi les réfugiés qui écrivent, les prêtres ſoient ceux qui écrivent le plus mal: l'expérience confirme ce que j'avance.

Cependant ce ſont eux que la rage d'écrire tourmente le plus. Leurs rapſodies inondent l'Allemagne; la plus fade homélie ſortie de leur plume paroît bientôt dans la boutique des libraires; & ſi le public s'obſtine à l'y laiſſer, un colporteur court auſſitôt de maiſons en maiſons, & ne quitte pas une porte qu'on ne l'ait pouſſé dans la rue par les épaules, ou qu'on n'ait acheté la ſainte brochure.

Ces livres circulent ainſi dans toutes les maiſons de la colonie, & contribuent à y entretenir le mauvais langage. L'éloignement de la France rend les bons livres françois fort chers; de ſorte que la littérature des colons, qui ſont pauvres ou dévots, ſe borne aux homélies de leurs prêtres. (*a*)

____

(*a*) Voilà ce qui m'a fait naître l'idée de faire une édition du théâtre d'éducation de Madame de Genlis, que l'on pût ſe procurer à bon marché. Cet ouvrage & les

Les réfugiés obtinrent le privilège d'avoir leur juftice particulière, & n'ont pas manqué de transplanter dans leurs tribunaux le jargon de la chicane françoife; & ce jargon y a fait des progrès merveilleux. (*b*)

Outre les prêtres françois, il eft encore, en Allemagne, une efpèce d'auteurs qui écrivent à tort & à travers, & déchirent impitoyablement la langue & le bon goût: ce font des comédiens, des

converfations d'Emilie, font les deux meilleurs que je connoiffe pour enfeigner la langue françoife aux jeunes étrangers. Cette édition en quatre vol. fe vend chez Ar. Vever, & ne coûte qu'un écu d'Allemagne.

(*b*) Voici un fait qui prouvera que quelques juges colons trouvent un grand plaifir à fe fervir des expreffions baroques de la chicane, & qu'ils fe font même une gloire d'en découvrir de nouvelles. Un homme avoit fait un ouvrage dont le cenfeur avoit refufé de permettre l'impreffion: l'auteur fe foumit; & le manufcrit ne fut point imprimé. Quelques mois après, un magiftrat fe crut en droit de fe faire livrer le manufcrit, quoiqu'il n'y eût rien ni contre le gouvernement, ni contre la religion, ni contre les mœurs. On eut beau lui repréfenter qu'un manufcrit étoit une propriété, que les lois ne l'autorifoient point à attenter à la propriété des citoyens, & que d'ailleurs un ouvrage condamné à la cenfure pou-

valets de chambre, des commis, des maîtres de langue. Tous ces gens-là font de la profe & des vers. On troque une centaine de leurs brochures à la foire de Leipzig, & ils fe croyent auteurs. Ceux qui ne favent pas bien la langue, s'imaginent fe perfeétionner en lifant ces platitudes qui leur tombent fous la main. Nous avons eu des drames, des comédies, des divertiffemens; nous avons des couplets à Iris, des énygmes, des

voit prendre une autre forme & mériter dans la fuite l'approbation refufée d'abord: tout fut inutile; le pauvre auteur fut obligé de fubir un interrogatoire. Ayant déclaré avoir perdu quelques papiers qu'on lui demandoit, le magiftrat diéta à peu près la phrafe qui fuit au fecrétaire qui écrivoit le procès-verbal, que ces Meffieurs appellent *protocolle.*

Lequel ayant été requis de remettre tels & tels papiers, déclara les avoir adirés!.. &c.

A ce mot *d'adirer* le jurifconfulte fit une paufe, & regarda fixément le fecrétaire & l'interrogé; mais comme il ne remarqua aucun mouvement admiratif fur les deux phyfionomies: " Vous ne connoiffiez peut-être pas ce „ mot-là, leur dit-il, d'un air triomphant ; c'eft un „ terme de chicane qui veut dire *perdu, égaré.* " Quel dommage que l'on n'ait pas mis cette belle réflexion dans le *protocolle!*

logogryphes, des charades, des chanfons; la plupart de ces beaux morceaux qui ne peuvent obtenir à part les honneurs de la Typographie, fe réfugient dans une gazette prétendue littéraire, qu'on diftribue tous les dimanches à Berlin. Et quand il ne fe vendroit que cinquante exemplaires de cette gazette, & qu'on n'en liroit que quinze, ce feroit toujours quinze perfonnes qui rifquent de prendre un mauvais goût dans une mauvaife feuille.

Voici un petit échantillon de la profe & des vers qu'on trouve ordinairement dans la gazette littéraire de Berlin. Celle du lundi 3 Juin 1782, commence ainfi:

    " La terre s'échauffe aux rayons du foleil, dont
,, la chaleur vivifiante fait fortir les fruits qu'elle
,, renferme; la verve des poètes s'échauffe à l'as-
,, pect du *grands* homme, à l'éclat des grands
,, évènemens, & fes productions fe multiplient.

Vous ne devineriez jamais où va nous conduire ce galimatias pompeux. Il s'agit d'annoncer quelques pièces de vers que l'on a faites fur l'abbé Raynal à fon arrivée à Berlin. C'eft M. Raynal qui eft le foleil dont les rayons vivifians vont échauffer la **verve** des poètes de Berlin, & en faire fortir les fruits qu'elle renferme; c'eſt à l'aſ-pect de ce *grands* homme, à l'éclat de ſes grands évènemens que les productions de çette verve vont ſe multiplier.

Pour nous prouver l'effet de cette *vivification*, l'auteur nous donne entr'autres une pièce de deux cents cinquante vers qui eſt curieuſe & originale: j'en rapporterai quelques vers. Elle commence ainſi:

Voir Raynal & ſavoir rimer;
Le voir & le *ſuivre à la trace,*
Et ne pas *s'enthouſiaſiner,*
C'eſt s'expoſer à *la diſgrace*
D'irriter le Dieu du Parnaſſe,
Et de n'en approcher jamais.
N'y perdons pas le réduit ſombre
Qu'on nous y laiſſe à peu de frais;
Et des rimeurs bons ou mauvais,
Par état augmenton le nombre
D'autres ont fait ce que je fais
Et n'ont pas craint de *ſervir d'ombre*
Aux tableaux d'auteurs plus parfaits.

Il n'y a pas l'ombre du bon ſens dans toute cette tirade.

Annoncer le nom d'un grand homme

Qui s'élève contre l'erreur,

Qui de nos maux hardi vengeur,

Veut en mettre à zéro la somme.

C'est un plaisir, c'est un bonheur

Que de Spa la nymphe naïve

A goûté d'une *façon vive*

En célébrant l'abbé Raynal :

Hommage qui du fanatisme

Animant l'intolérantisme,

L'a sous un air pontifical

Rendu si fort original,

Et si digne de l'exorcisme,

Dont un sacré charlatanisme

Tracasse l'esprit infernal....

L'hommage de la nymphe de Spa animant l'intolérantisme, a rendu l'abbé Raynal, ou l'intolérantisme, si fort original, sous un air pontifical, & si digne de l'exorcisme dont le sacré charlatanisme, tracasse l'esprit infernal. Je ne crois pas qu'il soit possible de réunir plus de bêtises & d'inepties dans un si petit espace.

Et l'Europe apprit à connoître

Que *Frédéric* étoit un maître

Qu'il falloit laisser en repos.

[43]

Le dernier vers eſt d'une naïveté admirable.

    Pendant ce ſanglant *Cataclyſme*
    L'intolérant catholiciſme......

Le courage me manque pour aller plus loin. Le gazetier s'excuſe de la longueur de cette épître d'une manière qui prouve ſon bon goût: " Quoi-
„ que cette épître ſoit un peu longue, dit - il,
„ nous n'avons point voulu la donner à nos lec-
„ teurs en deux fois, afin de ne point en *altérer*
„ *l'intérêt*". C'eſt le même homme qui, dans une épître au Roi, fait *chanter ſes bienfaits par un burin.*

    Ta main ſauve les arts du ſommeil léthargique
    Dont ailleurs l'indolence enchaîne leurs progrès :
        Partout *leur burin énergique*
    Eterniſe ton nom *en chantant tes bienfaits.*

Aſſurément quiconque ſauroit le françois & s'amuſeroit à lire pendant deux mois des platitudes de cette eſpèce, oublieroit bientôt ſa langue, & deviendroit auſſi borné que les gens qui les produiſent.

A tous ces mauvais ouvrages ajoûtons les gram-maires & les dictionnaires dont on ſe ſert pour enfeigner le françois aux enfans. Les grammaires de *Curas* & de *Pepliers* qu'on met ordinairement entre leurs mains, font très-mauvaifes, & les jeunes gens n'y peuvent guère apprendre qu'un françois de laquais. Ce font les phrafes ridicules confacrées dans ces grammaires, qui font caufe de plufieurs mauvaifes expreffions qu'on remarque fouvent dans les allemands, qui d'ailleurs favent bien notre langue. La plupart des dictionnaires ne valent guère mieux. Ils ne diftinguent que rarement, ou mal, le fens propre du fens figuré; ils ne difent point ce qui appartient à la poéfie, à la profe, au difcours oratoire, ou au difcours familier; & cette négligence fait tomber à chaque inftant dans les plus grandes bévues, ceux qui croient qu'on peut écrire purement une langue qu'on étudie dans les dictionnaires.

L'éducation qu'on donne aux enfans de Berlin, loin d'être propre à les garantir de la contagion, ne fert qu'à les y plonger davantage. Excepté l'école royale militaire où le Roi a mis de bons maîtres françois, dans toutes les autres maifons d'éducation, ce font des colons ou des allemands qui enseignent cette langue. Le collège françois sur-tout, est une source abondante d'où l'on voit sortir à grands flots, & se répandre par-tout, un jargon colon-germanisé, que les enfans gardent pendant toute leur vie. Cela n'est pas étonnant : les prêtres de la colonie y donnent les leçons, & on y reçoit des allemands qui ne savent pas un mot de françois. Les enfans des deux nations corrompent mutuellement leur langage, & on n'a jamais vu sortir de ce collège un jeune homme qui sache assez bien le françois ou l'allemand pour écrire purement dans une de ces langues.

Il y a à Berlin un grand nombre de pensions pour les deux sexes : mais la plupart sont combinées & établies par les prêtres de la colonie. Quiconque n'a pas assez de talent pour réussir dans un métier, quiconque n'a pas eu assez de lumières, d'économie ou de conduite pour se soutenir dans un commerce ou un emploi, cherche ou gagne la protection des prêtres colons, & se croit en état d'élever ou d'enseigner la jeunesse. On a vu des filles de campagne quitter leur village, s'affubler d'une robe & d'un mantelet, & former sous la protection des prêtres des penfions brillantes, où elles enfeignoient à la jeune nobleffe le françois *dans toute fa pureté.* Malheur à l'homme inftruit qui fe croiroit affez de lumières & de connoif-fances pour mériter la confiance du public fans avoir befoin de mendier la protection des prêtres ! Ce ne feroit qu'un vil orgueilleux, qu'un impie capable de corrompre la jeuneffe : on cabaleroit pour le détruire ; on le défigneroit dans les ho-mélies ; & le défagrément d'être fans ceffe affailli par ces infectes facrés, lui feroit bientôt aban-donner un état dont le public auroit pu retirer les plus grands avantages.

Mais eft-ce tout-à-fait aux prêtres qu'il faut s'en prendre de ces abus ? Non ; c'eft fur-tout à ceux qui font affez fimples pour s'en laiffer im-pofer par leurs forfanteries, & pour mettre dans ces gens une confiance qu'ils ne méritent point à cet égard.

Telles font les principales caufes de la déca-dence de la langue françoife à Berlin. Ce ne font pas les réfugiés françois qui ont introduit notre langue dans le Brandebourg : elle y étoit avant eux; ce ne font point eux qui ont travaillé à l'y perfectionner; j'ai prouvé qu'ils ont plutôt contribué à la corrompre. Si les allemands du Brandebourg parlent généralement un françois affez pur, fi la nobleffe de ce pays a tant de goût pour la littérature françoife, fi Berlin eft devenu le Paris de l'Allemagne, on le doit à l'accueil & aux bienfaits qu'y reçoivent fans ceffe les gens de lettres les plus diftingués de la France. Les Voltaire, les Maupertuis, les d'Argens, les d'Alembert, ont fait connoître le bon goût à Berlin; & le génie qui les y appelloit leur a prouvé par fes ouvrages, qu'on pouvoit faire de bons vers fans aller à Paris.

CHAPITRE II.

Des moyens de rémédier à la décadence de la langue françoise.

Il suffisoit de montrer les causes de la décadence de la langue françoise en France & en Allemagne, pour indiquer les moyens d'y rémédier.

La réforme des études, est le premier & le plus efficace. Tant que la plupart des collèges seront entre les mains des moines & des prêtres, l'étude du latin précédera toujours celle du françois; ils inspireront plutôt aux enfans les opinions relatives à leurs intérêts, que les sentimens utiles à l'humanité & à la patrie; ils les accoutumeront aux petitesses & aux niaiseries de leur état; ils en feront des hommes pusillanimes. La richesse de la langue considérée dans chaque particulier, dépend de l'étendue de ses connoissances, de la clarté de ses idées, de la vivacité de ses sentimens. Si l'éducation forme l'esprit & le cœur d'une manière digne de l'homme, la langue s'élevera comme l'ame, elle s'ennoblira comme elle.

Laissez

Laiſſez à des hommes ainſi élevés la liberté d'exprimer à leur gré leurs penſées; ne mettez point des bornes au génie ; que le philoſophe révéré de l'univers ne ſoit pas obligé d'attendre ou d'acheter l'approbation d'un vil moine, pour communiquer à ſes ſemblables le fruit de ſes veilles & de ſes travaux. Aboliſſez cet uſage odieux de faire flétrir le génie par ceux qui n'en ont point. Et à quoi vous ont ſervi les efforts que vous avez faits jusqu'à préſent contre la liberté de penſer ? à augmenter la gloire de ceux que vous vouliez avilir; à répandre davantage les opinions que vous vouliez étouffer; à vous faire abhorrer de tous les gens raiſonnables; enfin à ſemer l'ignominie que vous recueillerez dans des ſiècles plus éclairés. Si vous êtes juſtes, que craignez-vous de la liberté de penſer? ſi vous ne l'êtes pas, il faut le devenir.

C'eſt cette liberté ſeule qui pourroit donner à un bon journal la forme & le caractère qu'il devroit avoir. Choiſiſſez pour le compoſer des ſavans dans tous les genres ; mais que ce choix ſoit indiqué par le ſuffrage du public & non par vos craintes ou vos préjugés ; que les critiques

arrachent hardiment le mafque de l'hypocrifie;
que l'homme affez hardi ou affez lâche pour tâcher encore d'avilir l'humanité, foit terraffé par
la force de la raifon; que le philofophe courageux
& intrépide qui brave les préjugés du vulgaire
& des nations, reçoive le noble prix d'un éloge
impartial: voilà le moyen d'étendre la fphère des
connoiffances, de donner de l'énergie à l'ame &
au langage; voilà le moyen de former de bons
de grands écrivains.

L'Académie françoife fut établie pour perfectionner la langue, & en général pour s'occuper
de tout ce qui a rapport à la grammaire, à la
poéfie & à l'éloquence. Elle a, fans doute, rendu
de grands fervices à la langue; & fon dictionnaire
eft utile. Mais qu'a-t-elle fait en comparaifon de
ce qu'elle auroit pu, de ce qu'elle auroit dû faire?
Quarante hommes de lettres les plus diftingués
du royaume, réunis pour former la langue & la
perfectionner, n'ont produit encore depuis 150 ans
qu'un chétif dictionnnaire, qui ne fauroit entrer
en comparaifon, pour l'étendue & le travail, avec
plufieurs autres qui furent l'ouvrage d'un feul

homme. L'Académie françoife en travaillant à de
bons ouvrages élémentaires, en faifant un dictionnaire digne d'elle, s'occuperoit plus utilement
qu'en compofant ces éloges faftidieux dont le nom
feul infpiré le dégoût & l'ennui. Elle mériteroit
par-là de véritables éloges ; & cela vaut mieux
que d'en faire.

Mais comment changer le langage des théologiens ? comment faire rentrer la forbonne dans
les bornes d'une faine logique & d'une grammaire
raifonnable? c'eft au tems à amener cette révolution. Un grand malheur pour les Etats, c'eft lorfque les erreurs religieufes & l'intérêt de ceux qui
les enfeignent font étroitement liés avec la conftitution politique.

Les prêtres font plus intolérans & plus perfécuteurs que jamais. Chez nos pères la perfécution
n'étoit fouvent dictée que par un zèle mal entendu, tempéré par un refte de douceur évangé-
lique. Ils étoient perfécuteurs par dévotion : nous
le fommes par méchanceté. Plufieurs croyoient;
& nous ne croyons plus. Il y a quelque reffource
avec les dévots de bonne foi ; il n'y en a point

avec les hypocrites. Un pape a voulu donner le chapeau de cardinal à Erafme, qui avoit fait dans les tems les plus ténébreux & les plus zélés, une violente fatyre contre les prêtres & contre le fiège de Rome : mais dans le fiècle de la philofophie, nos archevêques emportent au tombeau la haine qu'ils ont contre nos philofophes.

Enfin le dernier moyen de rendre aux lettres leur éclat, & à la langue fa pureté, ce feroit de mettre de l'équité & du difcernement dans le choix des faveurs qu'on fait aux gens de lettres. Quand on préférera une épygramme à un poëme épique & un drame larmoyant à une hiftoire philofophique, on aura beaucoup d'épygrammes & de drames larmoyans, & les beaux poëmes feront auffi rares que les hiftoires bien écrites.

En Allemagne la langue françoife a auffi une capitale ; c'eft Berlin. C'eft là que doit être le centre du bon goût ; c'eft de là que doivent partir les décifions & les lois. Les auteurs de cette ville, éloignés de Paris, ne faifant aucun ombrage aux littérateurs de cette capitale, éprouvent rarement ces critiques févères & utiles que produifent fouvent la rivalité & l'envie. Leurs ouvrages quels qu'ils foient, font lus en Allemagne, & reçus avec indulgence. Flattés de cette efpèce de fuccès que leur imagination augmente ordinairement, ils croient avoir atteint la pureté du langage, & s'endorment tranquillement dans cette douce idée. La plus grande partie du public, celle qui veut apprendre le françois, lit ces livres de préférence, foit parce qu'ils leur tombent fous la main, foit parce qu'ils en connoiffent les auteurs; & n'étant pas en état de les apprécier, ils y puifent les mauvaifes expreffions & le mauvais goût dont ils font ordinairement remplis.

Il feroit un moyen de réveiller l'attention de ces écrivains, & d'indiquer en même tems au public les ouvrages qu'il pourroit lire fans danger: ce feroit de former à l'Académie de Berlin une claffe particulière de langue françoife, deftinée à faire en Allemagne ce que l'Académie françoife devroit faire en France. Cette claffe compofée des membres qui font françois de nation & de quelques allemands verfés dans les deux langues, pourroit s'occuper à faire, 1°. tous les ouvrages élémentaires deftinés à diriger les allemands dans l'étude du françois,

2 . Un bon dictionnaire françois - allemand & allemand - françois qui ne laifferoit rien à défirer à ceux qui veulent étudier les deux langues, Cet ouvrage vraiment utile, rendroit un grand fervice à la république des lettres.

3°. Un bon journal littéraire où elle critiqueroit avec févérité les ouvrages françois écrits dans les pays étrangers : ce journal indiqueroit au public les fources où il doit puifer,

4°. Cette claffe pourroit auffi revoir & corriger le ftyle & les expreffions des mémoires & autres ouvrages qui s'impriment au nom de l'Académie,

5°. Il feroit à propos de foumettre à cette claffe tous les précepteurs, maîtres de langue, maîtres de penfion qui voudroient enfeigner publiquement la langue françoife; & de ne leur permettre de le faire qu'après avoir été examinés & jugés capables,

6°. Enfin il ne manqueroit rien à l'utilité de cet établiffement fi l'on y joignoit une Imprimerie, où les membres de cette claffe feroient réimprimer fous leurs yeux, avec la plus grande correction, les ouvrages françois auxquels le fuffrage de l'Europe a mis le fceau de l'immortalité. .

Par là le prix des bons livres françois feroit confidérablement diminué; & la réputation que s'attireroit cette nouvelle Imprimerie, feroit bientôt auffi avantageufe à l'Etat qu'aux lettres.

Quant aux ouvrages de dévotion ; pourquoi n'entreprendroit-on pas une. nouvelle traduction de la Bible? pourquoi ne feroit-on pas de nouveaux catéchifmes, plus clairs, plus purs, plus décens que ceux que nous mettons entre les mains des enfans? N'avons-nous pas des pfeaumes traduits d'une manière fublime? pourquoi les églifes françoifes ne préfèrent-elles pas ces traductions aux rimes gothiques auxquelles elles font accoutumées? Que les membres des confiftoires comparent les odes facrées de Rouffeau avec leurs pfeaumes, & ils conviendront que les premiers font bien plus propres que les feconds à infpirer la piété, l'amour de Dieu, l'édification & la ferveur. Il ne fera pas inutile de nous arrêter à une de ces comparaifons.

D iv

PSEAUME XV.

ODE DE ROUSSEAU.	*RIMES DES RÉFORMÉS.*
Seigneur dans ta gloire ado- rable Quel mortel eft digne d'en- trer ? Qui pourra, grand Dieu, pé- nétrer Ce fanctuaire impénétrable, Où tes faints inclinés d'un œil refpectueux, Contemplent de ton front l'é- clat majeftueux.	Eternel, quel homme pourra, Habiter dans ton tabernacle? Qui fur ton faint mont te verra, Et qui de ta bouche entendra Toujours quelque nouvel ora- cle.
Ce fera celui qui du vice Evite le fentier impur : Qui marche d'un pas ferme & fûr Dans le chemin de la juftice ; Attentif & fidèle à diftinguer fa voix : Intrépide & févère à maintenir fes loix.	Ce fera l'homme feulement Qui *marche droit en toute af-* *faire,* Qui ne *veut* rien que *jufte-* *ment,* Dont jamais la bouche ne ment, Soit pour furprendre, foit pour plaire.
Ce fera celui dont la bouche Rend hommage à la vérité, Qui fous un air d'humanité Ne cache point un cœur fa- rouche ; Et qui par des difcours faux & calomnieux, Jamais à la vertu n'a fait baiffer les yeux.	L'homme dont la langue ne fait Aucune injure, aucun dom- mage, *Le cœur* aucun mauvais fouhait ; Mais qui de parole & d'effet, Défend fon prochain qu'on ou- trage.

ODE DE ROUSSEAU.	RIMES DES RÉFORMÉS.

ODE DE ROUSSEAU.

Celui devant qui le superbe
Enflé d'une vaine splendeur,
Paroît plus bas dans sa gran-
deur
Que l'infecte caché sous
l'herbe
Qui bravant du méchant le faste
couronné,
Honore la vertu du juste infor-
tuné.

Celui, dis-je, dont les pro-
messes
Sont un gage toujours certain :
Celui, qui d'un infame gain
Ne fait point grossir ses ri-
chesses :
Celui qui sur les dons du coupable puissant
M'a jamais décidé du sort de
l'innocent.

Qui marchera dans cette voie
Comblé d'un éternel bon-
heur,
Au jour des élus du Seigneur
Partagera la sainte joie ;
Et les frémissemens de l'enfer
irrité
Ne pourront faire obstacle à sa
félicité.

RIMES DES RÉFORMÉS.

L'homme qui fuit les vicieux,
Qui recherche, qui favorise
Ceux qui craignent le Dieu dé-
cieux,
Qui garde en tout tems en tous
lieux,
Même *à son dam* la foi pro-
mise.

Enfin l'homme qui ne prendra
Nulle usure, nul gain blâma-
ble,
Qui jamais le droit ne vendra

Celui qui *ce chemin tiendra*,
Jouira du bonheur durable.

La Bible traduite, & les pſeaumes chantés en bon françois, il ne reſteroit plus qu'à corriger les ſermons des miniſtres : rien ne ſeroit plus aiſé. Nous avons pluſieurs bons ſermons imprimés, dont le mérite eſt univerſellement reconnu ; il faudroit en faire un bon choix, & les réunir en un ſeul ouvrage. Pour augmenter ce recueil, on propoſeroit tous les ans un prix pour le meilleur ſermon ſur un point de morale donné. Par ce moyen, les miniſtres ne ſeroient pas obligés de ſe fatiguer inutilement pour faire ſortir de leur tête ce qui n'y eſt point. En allant à l'égliſe, nous ſerions toujours ſûrs d'entendre un bon ſermon, & nous ne craindrions jamais d'être indignés & ſcandaliſés par des portraits ſatyriques & des alluſions impudentes ; & l'Etat pourroit diriger l'inſtruction de ſes ſujets ſur les objets les plus utiles à ſa proſpérité & à ſon bonheur.

Un grand bien qui réſulteroit encore de cet arrangement, c'eſt qu'on pourroit ſupprimer une partie des miniſtres. Un homme qui ſauroit une fois le recueil, n'auroit plus qu'un ou deux ſermons à apprendre par an ; & un ſeul miniſtre

[59]

fuffiroit pour une églife. Dans les cas de maladie
ou d'abfence, les candidats précheroient à leur
place; & le public n'y perdroit rien. Les penfions
fupprimées fourniroient des fonds pour les prix.

Quant à la prononciation, il faudroit établir
au féminaire françois ou ailleurs un profeffeur de
déclamation & de pronociation, & ne donner les
places vacantes qu'au concours & au jugement de
la claffe de langue françoife, combiné avec l'agrément des paroiffiens.

C'eft ainfi que les églifes deviendroient une école
de morale, de décence, de bon goût; le fervice
divin prendroit la nobleffe qui lui convient; les
prêtres ne feroient plus que-ce qu'ils doivent être,
les organes de l'Evangile, felon les vues de l'Etat;
& on ne verroit plus des enfans fortis à peine de
leur mauvaife école faire, à l'exemple de leurs
maîtres, des allufions ridicules & fouvent inju-
rieufes aux particuliers & aux corps. (a)

(a) Je ne faurois m'empêcher de parler ici d'un fermon que j'ai entendu à Berlin, il y a deux ans. Le pré-
dicateur differtoit fur les caufes de la corruption des
grandes capitales. Il prétendoit que cette corruption

CHAPITRE III.

Observations fur le génie particulier de la langue françoife.

JE n'examinerai point ici la queftion agitée tant de fois de la conftruction naturelle. Toutes les conftructions font naturelles lorfqu'elles peignent clairement la penfée, & qu'elles lui donnent le caractère qui lui convient. Nos jugemens font *uns* & indivifibles par eux-mêmes ; c'eft l'habitude que nous avons à nous les repréfenter fous

venoit, fur-tout, de ce que dans ces villes il abondoit une quantité d'étrangers ; & que ces étrangers, *chaffés la plupart de leurs pays pour leurs crimes, étoient le rebut des nations, & fe trouvoient forcés de fe procurer des reffources par toutes fortes de moyens.* Cette tirade prononcée à Berlin, eft affurément indécente & contraire au but de notre fage gouvernement, qui attire de tous côtés des étrangers induftrieux. Elle infulte le corps des étrangers ; ce qui eft pécher contre les droits de l'hofpitalité & les devoirs de la charité chrétienne : elle eft fur-tout indécente dans la bouche des réfugiés françois qui fe font trouvés eux-mêmes étrangers en Allemagne.

la forme des mots qui nous y fait voir des parties. De quelque manière que nous arrangions ces
parties, elles font bien arrangées, fi le tout eft
exprimé comme il convient.

A cet égard, les langues n'ont aucun avantage
les unes fur les autres ; & le latin dit auffi naturellement : *Pater amat filium*, ou *filium amat pater*, ou *amat pater filium*, que le françois *le père
aime le fils.* L'idée de *père* ne doit pas plus précéder celle de *fils* que celle de *fils* celle de *père*.
Quand j'ai porté mon jugement, j'ai vu tout en
même tems. S'il y avoit une manière de rendre
cette penfée en un feul mot, cette manière feroit
fûrement la meilleure ; mais dès qu'il faut trois
mots, & que ces trois mots font également effentiels, il n'eft pas plus naturel de commencer par
l'un que par l'autre.

Pour trouver la raifon de la différence des
conftructions dans les différentes langues, il faudroit remonter aux peuples qui ont commencé
à les former. C'eft dans le caractère, dans la
fituation, dans l'étendue des befoins de ces
premiers inventeurs que les langues doivent

avoir puifé les différentes marches qui les ca-
ractérifent.

Chez un peuple fauvage, vivant des fruits que
produifent en abondance les vaftes foréts qu'ils habitent, n'ayant point de propriétés à difputer,
point d'ennemis à vaincre, point de grands intérêts à foutenir ou à défendre, chez un tel peuple une langue fe formera lentement, & fa marche
fera toujours fimple & uniforme. On inventera
d'abord des noms pour défigner les objets des
premiers befoins, *arbre*, *gland*, *eau*, feront les
premières idées qui fe produiront fous la forme
des fons. On ne penfera pas d'abord à leur donner diverfes inflexions pour marquer des rapports
divers, parce qu'on n'en fentira point le befoin.
Lorfqu'enfuite on aura trouvé des mots pour exprimer les actions relatives à ces mêmes befoins,
il faudra marquer des rapports : on n'aura d'autre
reffource alors que la place refpective des noms
avant ou après les verbes; & la marche de la langue fera déterminée.

Il en fera de même chez un peuple ou l'habitude d'un dur efclavage aura éteint le reffort

des paffions & le feu de l'imagination. Les premières expreffions de la langue feront fimples, les
conftructions uniformes, les rapports marqués froidement par la place des mots: les paffions ne parlent point lorfque la force a toujours un bras levé
pour les faire taire.

Mais qu'une langue fe forme chez un peuple
belliqueux, entouré de voifins puiffans, jaloux de
fa liberté, avide de conquêtes, elle prendra naturellement la forme que lui donneront les mouvemens variés de leurs paffions diverfes. Les idées
fe prefferont en foule dans leur imagination ardente, toutes voudront obtenir la première place:
elles l'obtiendront tour à tour fuivant le degré
de chaleur, de paffion, d'intérêt ou de befoin de
ceux qui parleront, & l'on verra naître les différentes inflexions des noms, & l'on remarquera
toutes les conftructions des langues que les grammairiens nomment tranfpofitives.

La plus belle, la plus riche des langues, c'eft
celle du peuple qui fut toujours le plus jaloux de
conferver fa liberté, chez qui la fuperftition n'é-
touffa point ce fentiment précieux, & qui fut

conferver fous l'autorité des prêtres mêmes, cette façon de penfer hardie qui le caractérife : c'eft la langue des Grecs.

Celle des Romains porte auffi dans fes mouvemens & dans fes inverfions l'empreinte de la nobleffe & de l'héroïfme de fes premiers inventeurs. C'eft parmi les efclaves qu'elle commença à perdre infenfiblement la richeffe & la variété de fes tours. La langue romane qui naquit dans les Gaules parmi les fujets des Romains, s'écarte déjà fenfiblement des conftructions variées de la langue latine; elle devient plus fimple. Bientôt de nouveaux vainqueurs rendent l'efclavage plus dur, en offrant fans ceffe la vue du joug : la langue fe fimplifie davantage encore, & l'on voit naître les conftructions froides qui reglèrent la marche du françois.

La feule de toutes les langues dont la marche reffemble à celle de la langue françoife, c'eft l'hébreu ; & elle paroît s'être formée dans des circonftances auffi peu favorables. Il eft probable qu'elle naquit dans les montagnes arides, au milieu des ruines affreufes d'une contrée dévaftée

par

par quelque révolution naturelle que la Bible nous a transmife fous le nom de déluge; chez quelques familles éparfes, ifolées, dont l'ame étoit roidie par l'effroyable défaftre auquel elles venoient d'é-chapper. Sans propriétés, fans rivaux, fans paffions violentes; flétris par la crainte, la langue de leurs pères fe fimplifia comme leurs idées, leurs mœurs & leurs relations; & ils fe formèrent un nou-veau langage dont la marche fut auffi froide que leurs ames.

On a répété mille fois que cette marche régu-lière de nos conftructions avoit donné à notre langue de la netteté, de la clarté, de la préci-fion. Cela eft vrai fi l'on confidère notre langue relativement à ce qu'elle fait, & non par rapport à ce qu'elle devroit faire. Si l'on confidère la clarté relativement au but général des langues, la lan-gue françoife n'eft pas, à beaucoup près, la plus claire de toutes. Le but des langues eft non feu-lement d'énoncer une idée, mais encore de l'énon-cer avec tous les acceffoires qui l'accompagnent & la modifient dans l'efprit. Si mon imagination ardente me repréfente les objets fous des couleurs vives & variées, fi elle paffe légèrement d'idées en idées, & que mon ame éprouve, à cette occafion, mille fentimens divers, la langue la plus riche, la plus claire, la plus précife, fera celle qui repréfentera le mieux toutes ces idées, qui faura le mieux les peindre, les groupper, les varier felon leurs rapports & leurs caractères. La langue dont la conftruction monotone ne pourra faire fentir toutes ces chofes, fera la moins précife, puisqu'elle ne rendra pas exactement tout ce qu'elle doit rendre; la moins claire, puifqu'elle ne fera pas comprendre les penfées telles qu'elles font. Si les langues qui offrent le choix de toutes les conftructions poffibles deviennent quelquefois obfcures, ce n'eft jamais la faute de la langue même, mais toujours celle de l'écrivain. S'il a eu cette clarté en vue & qu'il ne l'ait pas atteinte, ce ne fauroit être faute de moyens.

Loin donc que la marche régulière de la langue françoife la mette à même de rendre les idées avec plus de précifion & de clarté, elle eft tout-à-fait contraire à ces qualités ; & l'écrivain qui ne connoît point de reffources pour éviter la

fécherefſe & la ſtérilité qui l'accompagnent, res‑
tera toujours au‑deſſous de ſon modèle.

Que les plus beaux tableaux ſe forment dans
votre imagination, qu'elle vous préſente les figu‑
res qui doivent frapper d'abord, & occuper l'at‑
tention ; c'eſt en vain: la règle deſpotique étein‑
dra le flambeau du génie, & les mots prendront
triſtement une place que l'entouſiaſme déſavoue.

La langue françoiſe a donc moins de reſſources
que toute autre pour peindre les penſées. Si nous
ſommes parvenus à imiter les beautés des langues
grecques & latines, ſi nous avons produit des
ouvrages qui peuvent être mis à côté des chef‑
d'œuvres de l'antiquité, c'eſt moins à notre langue
que nous le devons qu'au génie des grands hom‑
mes qui ont ſu la manier.

Il eſt une qualité particulière à la langue fran‑
çoiſe, & qui contribue ſur‑tout à la rendre la plus
claire & la plus préciſe de toutes les langues: ce
n'eſt pas l'ordre reſpectif des parties principales,
mais l'art avec lequel elle rapproche ces parties,
& les caractériſe d'abord par tout ce qui peut dé‑
terminer leur rapport & leur étendue dans la

phrafe. C'eft fur-tout dans ce rapprochement des
parties principales au commencement de la phrafe,
& dans l'union de ces parties avec ce qui les modifie, que confifte le génie particulier de la langué
françoife; c'eft de la réunion & de la combinaifon
raifonnée de ces deux principes que dépend toute
la clarté, toute la netteté dont elle eft fufceptible: c'eft ce qui la diftingue de toutes les autres
langues.

Nous ne fuivons pas toujours dans nos cons-
tructions l'ordre que les grammairiens appellent
direct; & fi nous le rompons, c'eft fouvent pour
nous conformer au génie de la langue : ce n'eft
donc pas cet ordre qui conftitue ce génie. Avec
un peu de réflexion, il eft aifé d'appercevoir que
c'eft le rapprochement dont j'ai parlé qui exige
ces inverfions. Si je ne commence pas une phrafe
par le fujet, le verbe & l'attribut, fi je préfère
une circonftance, une idée acceffoire, c'eft que
cette circonftance, cette idée acceffoire fera devenue partie principale par fa liaifon avec ce qui
précède ; c'eft que les derniers termes de cette
circonftance, de cette idée acceffoire fe lieront

naturellement avec ceux qui doivent les fuivre, & contribueront ainfi à les mieux caractérifer.

. Par-tout les parties principales paroiffent dès le commencement, & paroiffent rapprochées autant qu'il eft poffible. Point de mots vagues & indéterminés comme dans les autres langues : l'esprit apperçoit d'abord un but; il trouve d'abord où fe fixer; il eft d'abord au fait des principales idées. La mémoire n'a pas befoin de faire des efforts pour fe rappeller un rapport vague indiqué au commencement, dont la détermination ne fe trouve qu'au bout d'une longue période. Les principaux grouppes font deffinés, & les accef-foires viennent prendre d'eux-mêmes la place qui leur convient. Si nos périodes laiffent quelquefois l'efprit en fufpens, la partie qui fait attendre l'au-tre offrira toujours quelque chofe de déterminé : elle n'offrira pas une fuite de termes vagues.

Appuyons ce que nous venons d'avancer fur des exemples & des comparaifons. L'ordre direct exige que je dife : *j'ai envoyé un livre nouveau & plein de réflexions utiles à votre frère.* Cependant cette phrafe n'eft pas dans le génie de la langue.

Pourquoi? C'eſt que les idées principales ne ſont pas rapprochées ſur le devant autant qu'elles pourroient l'être. Or quelles ſont ces parties principales? Les voici:

Parties principales $\begin{cases} \text{1. J'ai envoyé} \\ \text{2. un livre} \\ \text{3. à votre frère,} \end{cases}$

La dernière eſt rejettée à la fin par les mots *nouveau & plein de réflexions utiles.* Mais d'un autre côté, le génie de la langue exige que ces mots ſoient rapprochés de la partie principale qu'ils modifient; c'eſt-à-dire de *un livre.* Il faut donc chercher unè conſtruction qui ſatisfaſſe à ces deux conditions; & la voici:

Parties principales $\begin{cases} \text{1. J'ai envoyé} \\ \text{2. à votre frère} \\ \text{3. un livre} \end{cases}$

Modifications $\begin{cases} \text{nouveau &} \\ \text{plein de réflexions utiles.} \end{cases}$

Par ce moyen toutes les parties principales ſe trouvent réunies & grouppées ſur le devant; les modifications liées à la partie qu'elles modifient, occupent une place convenable, & n'attirent qu'une attention proportionnée à leur ufage & à leur importance.

Préfenter les parties principales fur le devant, rapprocher autant qu'il eft poffible de chacune de ces parties toutes les idées qui les modifient : voilà les deux grands principes de la langue françoife ; voilà les véritables fources de fa clarté, de fa netteté, de fa précifion. C'eft de ces deux principes que dérivent toutes les règles du langage & du ftyle françois. Tout ce que nous allons dire n'en fera que l'application & le développement.

Je dis de plus que ces deux principes font particuliers à la langue françoife, & qu'ils la diftinguent de toutes les autres. Je le prouve.

Dans l'oraifon de Cicéron pour le poëte Archias, je lis :

Statim Luculli, cum pretextatus etiam tum Archias effet, eum domum fuam receperunt.

Quelles font les parties principales de ma phrafe ? *Luculli receperunt Archiam :* voilà les mots qui doivent fe préfenter le plutôt qu'il fera poffible, & être auffi près les uns des autres que le permettront leurs modifications. Quelque tournure que je choisiſſe, quelques moyens que j'emploie pour mettre *Archias* avant *Lucullus*, ou *Lucullus* avant *Archias*, il faudra toujours que j'arrange mes mots de manière que ces trois idées frappent d'abord l'eſprit du lecteur.

Voici trois manières de traduire cette phraſe: (*a*)

1°. Auſſitôt les Lucullus reçurent dans leur maiſon Archias qui avoit à peine dix-huit ans.

2°. Cet Archias qui avoit à peine dix-huit ans, les Lucullus le reçurent auſſitôt dans leur maiſon.

3°. Auſſitôt il fut reçu dans la maiſon des Lucullus, cet Archias qui avoit à peine dix-huit ans.

Dans la première phraſe, le beſoin de rapprocher les trois idées principales a déterminé la place du mot *auſſitôt*; par-tout ailleurs il auroit

(*a*) Si je traduis ici cette phraſe de trois manières différentes, c'eſt que je la conſidère iſolée & ne faiſant partie d'aucun diſcours. Je penſe avec les bons grammairiens qu'une phraſe conſidérée dans un diſcours, ne peut être tournée que d'une ſeule manière, & que cette manière eſt indiquée par la liaiſon des idées & le caractère de la penſée.

nui à ce rapprochement ; & comme il eſt lié au
jugement entier, ſans l'être particulièrement à
quelqu'une des idées principales, la place qui lui
conviendra le mieux ſera celle où il paroîtra l'annoncer ſans nuire à la liaiſon. *Dans leur maiſon*
éloigne un peu *Archias* des deux autres parties ;
mais cet éloignement eſt indiſpenſable, parce que
ces mots étant deſtinés à modifier *reçurent,* ne
pouvoient avoir une autre place dans la phraſe.
Ainſi les trois idées principales ſont auſſi rapprochées qu'il eſt poſſible.

Dans la ſeconde phraſe, je ſuppoſe que la liaiſon des idées auroit exigé que le mot *Archias*
parût devant les deux autres, & je fais une pro-
poſition préparatoire qui ne nuit point au rapprochement des idées principales. L'expreſſion de
mon jugement commence réellement par ces mots:
Les Lucullus le reçurent ; & ces trois mots qui expriment mes trois idées principales, ſont auſſi
rapprochés qu'il eſt poſſible.

Dans la troiſième, il ſemble que le verbe ſe
préſente d'abord. Le pronom *il* n'étant encore
qu'indéterminé, l'eſprit s'y arrête peu , & paſſe à

l'idée du verbe *reçu*. Cependant les trois parties y font toujours préfentées au commencement & réunies, & ne font interrompues que par ces mots, *dans la maifon*, qui devoient néceffairement fuivre le verbe qu'ils modifient.

Ces trois phrafes reçoivent donc leur clarté de la place & de l'union des parties principales. Dès qu'on connoît ces parties, l'efprit n'eft plus en fufpens ; il fait de quoi il s'agit ; les principales figures lui font préfentées ; il n'attend plus que des acceffoires.

Il n'en eft pas de même dans la phrafe latine, l'efprit eft en fufpens jufqu'au dernier mot ; tout eft vague & indéterminé jufqu'à ce qu'on ait prononcé la dernière fyllabe du dernier mot *receperunt*.

Le françois a les mêmes avantages fur l'allemand, l'italien, l'anglois, le ruffe, &c. Dans l'allemand le verbe ordinairement rejetté à la fin des phrafes & fouvent partagé en deux, fufpend le fens, & donne quelquefois lieu à des équivoques. Tàchons d'en trouver des exemples dans le commencement du premier chant de la mort d'Abel.

| Ein erhabenes Lied möch= te ich jetzt singen. | Je voudrois chanter main- tenant des airs sublimes. |

Dans le françois, l'action est indiquée dès les premiers mots *je voudrois chanter ;* en allemand, l'esprit reste en suspens jusqu'au dernier mot *singen.* Arrêtez-vous à *jetzt,* vous ne devinez pas de quoi il est question ; & si l'on mettoit quelqu'autre verbe au lieu de *singen,* tous les mots énoncés auparavant pourroient s'y rapporter comme ils se rapportent à celui-là, & former avec lui un sens complet.

| Die Haushaltung der Erstgeschaffenen nach dem traurigen Fall, und dem Ersten der seinen Staub der Erde wieder gab, der durch die Wuth seines Bruders fiel. | Je voudrois raconter comment vécurent les premiers hommes après leur triste chûte, & célébrer celui qui rendit le premier sa poussière à la terre, victime de la fureur de son frère. |

On sent sur-tout dans cette période le besoin de rapprocher les parties essentielles. Après avoir dit, *je voudrois chanter maintenant des airs sublimes,* on ne sauroit continuer comme en allemand, en disant : *les mœurs des premiers hommes après leur triste chûte.* Ce régime *les mœurs* est trop éloigné des autres parties principales auxquelles il doit être joint ; il faut rappeller ces parties pour opérer ce rapprochement que le génie de la langue exige fans ceffe. Il en eft de même du verbe *célébrer* qui n'eft pas dans l'allemand, & qu'on eft obligé d'ajoûter par la même raifon. L'allemand au contraire, n'a pas befoin de ce rapprochement ; le *ich möchte fingen*, qui eft dans le premier membre, & qui femble même terminer un fens complet, n'en régit pas moins le refte de la phrafe fans qu'il foit néceffaire de répéter ou d'ajoûter quelque chofe pour renouveller le rapport & le rendre plus fenfible. Cette différence eft bien plus fenfible encore dans les phrafes où les verbes font partagés de manière qu'une partie eft énoncée au commencement, & l'autre rejettée à la fin. La partie du verbe qui commence la phrafe a un fens que l'efprit lui peut donner ; mais ce fens peut changer tout-à-coup à la fin par la feconde partie. En voici un exemple pris dans une phrafe très-fimple du même ouvrage.

Da giengen Abel und feine Geliebte aus ihrer Hütte hervor.

Gehen qui eſt au commencement de la phraſe, ſignifie *aller, marcher;* mais étant joint à la pré-poſition hervor qui termine la phraſe, il veut dire *ſortir.* De ſorte qu'en liſant juſqu'au mot aus je traduirai : *Alors Abel & Thirza ſa bien-aimée mar-choient,* ou *alloient.* Juſqu'à ce mot, l'eſprit ne ſauroit attacher aucune autre idée au verbe; mais en prononçant le reſte de la phraſe, on voit changer inſenſiblement le ſens indiqué, aus ihrer Hütte; enfin hervor achève la métamorphoſe, & nous montre qu'on n'a pas voulu exprimer Abel & Thirza *marchant* ſimplement, mais *ſortant de leur cabane.*

Nous trouverons auſſi, en partie, cette diffé-rence dans la langue angloiſe. On voit ordinaire-ment les adjectifs précéder les ſubſtantifs , & les rejetter quelquefois à la fin de la phraſe.

Men left to the light of their Reaſon alone, have always looked upon Moral & Phyſical Evil, as a ſhocking Phenomenon in the Works of an infinetely, wiſe, good & powerful Being.

Les hommes abandonnés à la ſeule lumière de leur raiſon, ont toujours regardé le mal moral & phy-

fique comme un phénomène choquant dans l'ouvrage d'un Être infiniment fage, bon & puiſſant.

On voit ici les adjectifs *Moral* & *Phyſical* précéder leur ſubſtantif *Evil,* mal; & le dernier ſubſtantif *Being,* être, eſt rejetté à la fin par ſes adjectis *wiſe, good* & *powerful,* ſage, bon & puiſſant.

La langue italienne dont la conſtruction ſe rapproche le plus de celle de la langue françoiſe, aime quelquefois à laiſſer l'eſprit en ſuſpens, & rejette à la fin, tantôt le verbe, tantôt le ſubſtantif; le ruſſe rejette preſque toujours le verbe à la fin.

En un mot, qu'on compare ainſi la langue françoiſe avec toutes les langues, on verra qu'elle eſt la ſeule qui fixe toujours l'eſprit auſſitôt qu'il eſt poſſible, ſur les idées principales ; qu'elle ſeule lie ces idées, & les rapproche le plus qu'il eſt poſſible. La plupart des autres langues, & ſurtout celles qu'on nomme tranſpoſitives pourroient être comparées à des tiſſus précieux dont les fils s'entrelaçant les uns dans les autres, forment de riches broderies. Le diſcours françois reſſemble plutôt à un tableau d'une belle ordonnance &

d'une compofition agréable, où les figures principales s'emparent d'abord de l'attention du fpectateur, & où les acceffoires dégradés avec intelligence, fe lient naturellement aux parties qu'ils
accompagnent.

Ce qui prouve encore que la clarté de la langue
françoife ne vient pas de l'ordre dans lequel fe fuivent le fujet, le verbe & l'attribut, mais feulement du rapprochement des idées principales ; c'eft
qu'une phrafe où cette marche eft fcrupuleufe-
ment obfervée, fera très-obfcure fi les idées principales y font trop éloignées les unes des autres
par des acceffoires trop verbeux. Prenons un exemple dans un mauvais ouvrage.

*La voix de l'humanité ou du zèle pour la reli-
gion, la voix d'une politique artificiefe, empreffée
à faifir l'occafion d'affoiblir, en fomentant des trou-
bles civils, une puiffance devenue dangereufe, pour
le repos de l'Europe, fe feroit envain fait entendre à
à l'ame des fouverains envieux de la grandeur de
Louis. (a)*

(a) Mémoires pour fervir à l'hiftoire des Réfugiés
dans les États du Roi de Pruffe. Tom. I. pag. 72.

Dans cette phrafe, tout fuit la marche de la conftruction fimple: *La voix de l'humanité fe feroit en vain fait entendre aux fouverains.* Cependant elle eft obfcure. D'où vient cette obfcurité? 1°. De ce que les parties principales ne font pas affez déterminées: on ne fait lequel choifir des trois fujets qui font indiqués au commencement; le dernier fur-tout, eft d'une longueur fi prodigieufement difproportionnée, qu'il femble anéantir & faire oublier les deux autres fur lefquels l'efprit croyoit d'abord s'arrêter. 2°. C'eft que cette multiplicité de fujets & les mots qui modifient *la voix de la politique artificieufe*, rejettent trop loin les autres parties principales, & n'ont pas un rapport fenfible & direct avec elles.

Cette qualité de la langue françoife eft conforme à la nature. Le jugement eft *un* & indivifible en lui-même: plus une langue fe rapprochera de cette unité, plus elle réunira les parties qu'elle emploie pour en donner l'idée; plus auffi l'énonciation fera conforme à la chofe enoncée; & cette conformité eft le but du langage.

Mais fi les principes que nous venons d'obferver

dans

dans la langue françoife lui donnent de la clarté, de l'ordre & de la précifion; il faut avouer d'un autre côté, qu'ils ne contribuent point à lui donner cette richeffe de tours, cette variété, cette harmonie qu'on remarque dans les langues transpofitives. La langue françoife reffemb'e à ces instrumens qui ne fouffrent point de médiocrité. Sous la plume d'un homme dépourvu de génie, elle fera néceffairement froide & monotone. Si l'écrivain ne trouve pas dans fon efprit même des reffources pour en varier la marche, les tons & les couleurs; s'il ne pofsède pas le talent précieux de lier, d'ordonner, de faire contrafter agréablement fes penfées, il ne lui refte aucune reffource. Dans les langues tranfpofitives, le charme de l'harmonie, la pompe des expreffions, la variété des tours peuvent mafquer pendant quelque tems des idées obfcures ou mal digérées; dans le françois, c'eft prefque toujours l'idée qui fait valoir l'expreffion.

La langue françoife eft donc moins riche en tours que les autres langues. Je ne parle point ici de cette richeffe qui confifte dans un grand nombre de mots deftinés à fignifier une même chofe. Tous ces mots s'ils n'expriment pas quelques nuances diftinctives, font plutôt embarraffants qu'utiles. Suis-je moins riche que mon voifin parce que je puis faire avec un feul inftrument tout ce qu'il peut faire avec trente ? Nous avions autrefois cette abondance fuperflue d'expreffions purement fynonymes ; la langue s'en eft débarraffée en fe perfectionnant.

Henri Etienne compte douze mots dont on fe fervoit de fon tems pour exprimer *avare*. (*a*) Nous n'avons confervé que ceux qui indiquent quelque différence. Nous regrettons quelques expreffions anciennes qui avoient beaucoup de naïveté : mais nous avons fait de grands progrès par rapport à l'énergie & à la précifion.

Une chofe qui conftitue fur - tout la richeffe d'une langue, c'eft le nombre des fynonymes, fi l'on entend par *fynonymes* des mots qui expriment différentes nuances d'une idée qui leur eft com-

____

(*a*) Voici ces douze mots : *Avaricieux, échars, taquin, tenant, trop tenant, chiche, chiche-vilain, pinfe-maille, racle-denare, ferre-dénier, pleure-pain, ferre-miette.*

mune à tous. A cet égard la langue françoise eft auffi riche qu'aucune autre langue de l'Europe, fur-tout dans les mots qui expriment les différens fentimens de l'ame.

Outre la difficulté des conftructions, il en eft une autre que l'écrivain doit encore vaincre ; c'eft celle qui naît de la nobleffe & de la délicateffe de notre langue, foit dans les termes, foit dans les figures. Nous avons une quantité de termes qui ne peuvent entrer ni dans la poéfie, ni dans le ftyle foutenu. Il faut être françois & avoir vécu dans la bonne fociété de la capitale pour pouvoir vaincre cette difficulté ; elle fait ordinairement le défefpoir dès étrangers qui veulent écrire en françois.

Cette délicateffe de la langue françoife fait naître un grand nombre de difficultés dans la traduction des poètes, & fur-tout des poètes anciens. Jamais Homère ne pourra être traduit en françois d'une manière tout-à-fait noble & décente: une infinité d'expreffions énergiques dont fe fervoient les Grecs, deviennent fouvent chez nous burlefques & ridicules : voilà ce qui nous rend quelquefois injuftes

envers les anciens & les étrangers. Nous les ju-
geons d'après notre langue ; nous voudrions les
entendre parler comme s'ils avoient notre goût,
nos règles : & nous leur attribuons des défauts
qui n'exiftent que dans notre manière de voir.

Quoiqu'il en foit des difficultés de notre langue,
les chef-d'œuvres qui l'ont fixée, prouvent qu'elle
fait fe prêter avec facilité à tous les caractères ;
qu'elle fait réuffir dans tous les genres. Quelle
naïveté dans l'inimitable La Fontaine ! quelle harmonie dans Fléchier ! quel fublime dans Corneille
& dans Boffuet ! quelle nobleffe, quelle précifion,
quelle élégance dans Boileau, Racine, Voltaire !
C'eft dans les ouvrages de ces grands hommes qu'il
faut fur-tout étudier la langue. Quiconque ne fera
pas faifi à la vue des beautés qu'on y rencontre
fans ceffe, quiconque ne fentira pas fon ame s'é-
chauffer au flambeau de ces grands génies, ne doit
jamais fonger à écrire : la nature l'a deftiné à
autre chofe.

CHAPITRE IV.

Plan de cet Ouvrage.

Sɪ je voulois faire comprendre à un jeune homme le méchanisme d'une montre, je lui ferois démonter toutes les parties les unes après les autres ; je lui apprendrois le nom, l'ufage, le rapport de chacune d'elles ; enfuite je les lui ferois replacer dans leur premier état, en lui faifant obferver attentivement la forme & le rapport de chaque roue, la manière dont elles s'engrainent, fe communiquent le mouvement, & parviennent, enfin par la réunion de plufieurs effets fucceffifs, à produire un effet général.

Il en eft de même de la langue françoife : c'eft par le moyen d'une analyfe exacte qu'on peut parvenir à découvrir le méchanifme du difcours. Nous décompoferons les périodes & les propofitions ; nous rechercherons les élémens du difcours ; nous examinerons comment ils fe lient, fe modifient, fe prêtent mutuellement de la lumière & de la force, & parviennent enfin à peindre la penfée avec les couleurs, les grâces, le caractère & le ton qui lui conviennent.

L'objet du difcours eft d'exprimer la penfée. Il eft donc à propos de favoir ce que c'eft que la penfée. C'eft de la netteté de chaque idée, de l'ordre dans lequel elles fe lient & fe fuccèdent dans notre efprit, que dépend fur-tout la clarté du ftyle. Si vos penfées font obfcures, mal digérées; fi vous ne vous acooutumez pas à les ranger dans un certain ordre, dans un ordre propre à produire l'effet que vous défirez, votre ftyle fe reffentira du défordre de vos penfées; il n'aura ni force, ni grâce, ni clarté, ni proportion, ni nobleffe; il ne fera point naître dans l'efprit du lecteur le charme délicieux que produifent toutes ces qualités.

Nous commencerons donc par donner une idée des principales opérations de l'efprit; nous montrerons la manière de développer une penfée, de former une fuite de raifonnemens, d'en bien faifir la fuite & les rapports, & de les ordonner fuivant leur importance; nous appliquerons nos principes à des exemples; nous montrerons comment les idées fe fuivent & fe lient dans un difcours bien fait;

nous rechercherons les caufes du défordre & de la confufion qui règnent dans un mauvais ouvrage.

Cette première partie nous conduira naturellement à la connoiffance des propofitions & des périodes. Nous expliquerons la nature des propofitions, & nous indiquerons toutes les divifions qui ont rapport à notre but; puis nous enfeignerons à les diftinguer dans le difcours.

Des propofitions, nous defcendrons aux parties dont elles font compofées; c'eft-à-dire aux élémens du difcours. Nous tâcherons de préfenter le plus clairement qu'il nous fera poffible leur véritable nature. Quelques exercices enfeigneront enfuite à connoître leur place & leur ufage dans le difcours.

Après avoir fait connoitre toutes les parties logiques & grammaticales du difcours, il s'agira d'enfeigner à les ranger d'une manière convenable, & nous defcendrons dans les détails de la conftruction & de la fyntaxe, montrant toujours l'application de nos principes par des exercices analytiques.

Nous donnerons enfuite un traité du ftyle, où

l'on trouvera des règles & des modèles dans tous les genres, & toujours les règles appliquées aux exemples, & des analyses qui feront fentir l'ufage que les grands écrivains en ont fait. On trouvera ici un traité des figures & toutes les règles de l'éloquence.

Enfin nous ferons une fuite de traductions du latin, & de l'allemand en françois, que nous accompagnerons de remarques propres, non feulement à nous rappeller les règles établies auparavant, mais qui donneront un grand nombre d'obfervations particulières que les circonftances feront naître. On s'attachera fur-tout dans les remarques à faire fentir la différence des deux langues, l'étendue & la force de chaque expreffion, la variété des tours, le choix qu'on en doit faire; on y diftinguera foigneufement les différens fens dans lefquels un mot peut être pris; on y fera remarquer les nuances qui diftinguent les expreffions qui paroiffent fynonymes; en un mot, on tâchera d'y réunir tous les détails qui peuvent être utiles aux étrangers, tout ce qui peut les foulager ou les éclairer dans l'étude de notre langue. Cette partie fera précédée d'un petit traité qui indiquera les règles générales de la traduction dans les différens genres.

Nous finirons le Cours de langue françoife par des traités de la prononciation, de la profodie & de l'orthographe.

Notre Cours de belles – lettres étant deftiné fur-tout à faire connoître notre littérature aux étrangers, offrira l'hiftoire abrégée de chaque genre de littérature, les règles qu'on doit y obferver, & des pièces qui indiqueront fucceffivement les progrès de l'art depuis fon enfance jusqu'aux chef-d'œuvres des grands maîtres : chaque pièce fera accompagnée de remarques propres à faire mieux fentir ces progrès. Afin de rendre cette partie plus utile aux allemands, nous nous arrêterons fur des comparaifons entre la littérature françoife & la littérature allemande.

Nous raffemblerons ici tout ce que nous connoiffons de meilleur fur l'art poétique. Les genres en profe que Mr. le Batteux femble avoir traités un peu légèrement, feront développés dans notre ouvrage. Nous tâcherons fur-tout de donner une idée claire du vrai mérite du ftyle épiftolaire. Nous ferons enforte de faire fentir en quoi confiftent ce naturel, cette naïveté, ces grâces charmantes qui font tant de plaifir dans les lettres de Madame de Sevigné. Nous y joindrons enfuite un choix des meilleures lettres que nous connoiffions, en les accompagnant à notre ordinaire, de remarques analytiques.

La partie où nous traiterons de l'hiftoire, s'offrira chez nous d'une manière nouvelle. L'hiftoire ne doit pas être un fimple récit de faits deftiné feulement à plaire; il doit inftruire. La poftérité doit profiter de nos fautes comme nous devons profiter de celles de nos pères. Après avoir donné une idée de l'hiftoire, nous montrerons les obftacles que les préjugés nationaux & religieux ont formés à fa perfection. Ce champ vafte eft encore inculte fi on le confidère d'un œil philofophique. Il eft tems de tirer le rideau qui cache à l'homme fa véritable dignité; il eft tems d'abattre les ftatues que l'homme imbécille érigea aux bourreaux qui déchirèrent fes entrailles, & d'élever fur des fondemens immortels, celles

de ſes bienfaiteurs. C'eſt à la philoſophie à prendre le burin de l'hiſtoire; elle ſeule a droit d'im-
mortaliſer les actions des hommes pour le bonheur
des hommes, parce qu'elle ſeule s'occupe vraiment de ce bonheur.

Tel eſt le point de vue ſous lequel nous confi-
dérerons l'hiſtoire; c'eſt de ces principes que nous
tirerons les préceptes qui doivent diriger l'hiſto-
rien, ſoit dans le choix, ſoit dans le ſtyle.

Quant à la partie où je rendrai compte des ouvrages nouveaux, je m'attacherai ſur-tout à relever les expreſſions contraires à la pureté de la langue. Je dirai à cette occaſion que les critiques de
cette nature doivent être bien plus ſévères dans les
pays étrangers qu'en France; parce que la langue
a plus de difficultés à s'y ſoutenir dans ſa pureté.

En France, un auteur tel qu'on en voit pluſieurs en Allemagne, ne ſauroit parvenir à faire
imprimer un ouvrage; ou s'il y parvient à ſes frais,
le mépris ou le ridicule le font bientôt répentir de
ſa préſomption. En Allemagne, il n'en eſt pas de
même. A Berlin, par exemple, la plus grande
partie du public qui lit du françois, eſt formée par

la Colonie: la plupart des écrivains font prêtres,
parens ou alliés des colons. Ces écrivains ont foin
de fe faire un parti parmi les vieilles femmes & les
bonnes gens; & la petite gloriole qu'on fait bour-
donner à leurs oreilles, leur donne une préfomp-
tion infupportable & un orgueil incorrigible. (a)

J'ai vu avec fatisfaction que parmi les perfonnes
que j'ai pris la liberté de critiquer jufqu'à préfent,
il s'en eft trouvé quelques - unes qui m'ont fait
l'honneur de profiter de mes remarques, & d'a-
vouer que je les avois rendues plus difficiles fur
leurs propres ouvrages. La manière dont ils ont

(a) Dans tout ce que j'ai dit jufqu'ici des prêtres de
la Colonie françoife, je n'ai pas prétendu confondre
quelques pafteurs refpectables qui ont le bon efprit de fe
borner modeftement aux fonctions de leur miniftère,
fans vouloir entrer dans une carrière que leurs études &
leur fituation rendroient très-difficile. Il en eft même
quelques-uns qui paroiffent exempts de la contagion, &
qui pourroient écrire purement. Monfieur le pafteur Sau-
nier vient de faire imprimer un fermon fur l'*Utilité de
la Prédication*, où l'on trouve des idées fuivies, une
bonne tournure, en un mot du ftyle; & c'eft ce qu'on
chercheroit en vain dans les coryphées des dévotes de la
Colonie.

pris la chofe, prouve qu'ils méritent des égards. Comme mon but eft de corriger fans offenfer , je ferai mon poffible pour relever avec modération des fautes qu'ils paroiffent fi difpofés à avouer & à corriger de bonne foi.

Mais il en eft d'autres, & ce ne font fûrement pas les plus habiles, qui bouffis d'orgueil & d'ignorance, ont affeɛté de continuer à répandre dans leurs *écritures* les barbarifmes groffiers que je leur avois fait toucher au doigt. J'ai vu avec peine que ces écrivains indociles & récalcitrans étoient des gens obligés par état, de donner l'exemple de la bonne foi, de la docilité & de l'amour de la vérité ; des gens qui enfeignent la jeuneffe, & qui doivent par conféquent tâcher d'apprendre eux-mêmes ce qu'ils veulent enfeigner aux autres ; en un mot des eccléfiaftiques & des profeffeurs. C'eft fur l'opiniâtreté de ces Meffieurs qu'il eft utile d'exercer le fouet de la critique la plus févère ; c'eft contr'eux fur-tout qu'il eft utile d'employer l'aiguillon de la plaifanterie. Quiconque eft affez fottement orgueilleux pour fentir fes fautes & refufer de les corriger, mérite d'être couvert de ridicule. Tout le monde fait des fautes; les plus grands écrivains n'en ont pas été exempts; on pourroit même dire, en quelque façon, malheur à celui que le feu de l'imagination n'a pas jetté quelquefois dans des écarts! Mais les uns aiment à se corriger; les autres se fâchent quand on les reprend: voilà la différence qu'il y a entre les gens d'esprit & les sots, entre les gens de lettres & les intrus. Et moi aussi j'ai écrit; & j'ai, sans doute, fait des fautes. Que ceux que je critique, épluchent mes ouvrages; qu'ils m'y indiquent des fautes; qu'ils me tournent en ridicule, je suis tout prêt à en rire avec eux, pourvu que nos plaisanteries puissent tourner au profit du public, & que leurs critiques soient assez fines & assez honnêtes pour qu'un honnête homme puisse y répondre. On se déshonore en répondant à des grossiéretés : il est toujours humiliant d'avoir quelque chose à démêler avec des gens qui n'ont ni raison, ni éducation, ni pudeur. Voilà pourquoi j'ai gardé le silence sur les petites vilainies littéraires qu'on a fabriquées contre moi. Elle sont mortes ces petites vilainies ; & le public me fait l'honneur de lire mes ouvrages. Les injures de l'envie ne font jamais de mal; il n'y a que les vérités qui foient cruelles; & mes ennemis ne m'en reprocheront jamais dont j'aye à rougir.

Mon but eft fur-tout de faciliter aux étrangers la connoiffance de notre langue & de notre littérature, & de préferver les françois qui font éloignés de leur patrie, de la contagion du mauvais langage. Quatre chofes font fur - tout néceffaires pour cela: des règles, des modèles, des exercices & des critiques; c'eft ce qu'on trouvera dans cet ouvrage. Les françois trouveront peut-être quelquefois que j'entre dans des détails trop minutieux, que je tombe dans des répétitions fréquentes; mais je les prie de confidérer que ce qui leur paroît minutieux, parce que l'ufage le leur a appris, ne l'eft point du tout pour un étranger dont la langue diffère entièrement de la nôtre.

On ne s'attend pas, fans doute, à trouver toujours ici des principes nouveaux; mais je tâcherai du moins de les expofer d'une manière nouvelle; & les applications que j'en ferai dans les exercices qui fuivront chaque traité, offriront une fuite de leçons élémentaires qu'on ne trouve encore, à ce que je crois, dans aucun ouvrage. Duclos, d'O-livet, Girard, Batteux, Condillac, du Marſais, Beauzée, ſont mes principaux guides : j'ai tàché de raſſembler & de concilier tout ce que ces ha-biles grammairiens ont dit de meilleur, & d'en former un ſyſtême. Le principe ſi fécond de la liai-ſon des idées que M. de Condillac a mis dans tout ſon jour, ſera développé dans cet ouvrage.

En un mot, je ferai enforte qu'un jeune homme qui aura étudié attentivement nos principes, & ſuivi nos exercices, ſoit en état d'écrire purement notre langue, & de juger ſainement des ouvrages de notre littérature.

PREMIÈRE PARTIE.

DE

L'ART DE PENSER.

COURS
THÉORIQUE
ET
PRATIQUE
DE LANGUE ET DE LITTÉRATURE FRANÇOISE.

PREMIÈRE PARTIE.
DE
L'ART DE PENSER.

CHAPITRE I.

Comment les idées se forment dans notre esprit.

Il est certain que nous éprouvons à la présence des objets, certaines impressions qui nous avertissent de notre existence & de celle de ces objets. Il est certain que nous réfléchissons sur ces impressions, que nous les examinons, les analisons, les comparons. Il est certain que nos besoins développant de plus en plus le principe qui produit toutes ces opérations, nous acquérons un grand nombre de connoiffances & nous éprouvons divers fentimens.

Quelque foit la nature de ce principe doué de connoiffance & de fentiment, on peut affurer qu'il exifte en nous ; & nous l'avons appellé *ame*.

Mais comment l'ame reçoit-elle fes premières idées ? Les a-t-elles au moment où le corps eft animé ? Les a-t-elles indépendament du corps? C'eft ce que nous allons examiner.

Figurons-nous un corps tel que celui d'un homme jeune & bien conftitué qui n'auroit point encore reçu ce mouvement qu'on appelle *vie*. Suppofons que la nature lui communique tout-à-coup ce mouvement; quelles feront fes premières idées? Le mouvement du fang, l'action des vifcères les uns fur les autres, l'infpiration & l'expiration, lui feront éprouver quelque chofe de confus qui lui donnera tout-à-coup le fentiment intime de fon exiftence; il aura cette idée que nous exprimons par les mots, *je fuis*. Suppofons maintenant que fes fens s'exercent les uns

après les autres. En ouvrant les yeux, il apperce-
vra à la fois une foule d'objets qui ne lui feront
éprouver que des fentimens confus. Bientôt il
fixera fes regards fur quelqu'objet particulier, & il
le confidérera feul, fans penfer davantage à tous
les autres. Si l'objet qu'il a confidéré eft rouge,
il aura l'idée de ce que nous nommons *rouge*. S'il
ceffe de regarder cet objet pour confidérer avec
la même attention un autre objet qui fera blanc,
il prendra une connoiffance de la qualité à laquelle
nous donnons le nom de *blanc*. Il en fera de même
du noir, du verd, du bleu, &c.

S'il pofe la main fur ce rouge, ce blanc, ce
bleu, &c. il fentira plus ou moins de réfiftance,
il éprouvera plufieurs autres fentimens divers, &
prendra les idées que nous exprimons par les mots,
dur, mou, raboteux, uni, chaud, froid, &c. Il
prendra de la même manière les idées de pefan-
teur, de mouvement, de repos, d'efpace, &c.

C'eft ainfi que le goût lui fera connoître auffi
les qualités que nous défignons par les mots, *aigre,
doux, amer, &c;* l'odorat celles que nous nom-

mons des odeurs; & l'ouïe ce que nous appellons des fons.

Jufqu'ici il ne connoît que des qualités; & la plupart de ces qualités ne font que des rapports qui exiftent entre lui & les objets qui l'affectent.

Les faveurs ne font point dans les objets que nous mangeons; les couleurs dans ce que nous voyons : fans palais pour goûter, fans yeux pour voir, fans oreilles pour entendre, il n'exifteroit ni faveurs, ni couleurs, ni fons. Toutes ces chofes ne font que des rapports entre nos organes & les objets.

Nos yeux, par exemple, font une efpèce de lunette dont la forme & le plus ou moins d'humeurs doivent faire varier à l'infini les apparences que nous appellons couleurs. Ainfi il eft certain que les hommes, les quadrupèdes, les oifeaux, les infectes, les poiffons font affectés par des couleurs auffi différentes entr'elles que les organes qui les reçoivent; ainfi il eft très-probable qu'il n'y a pas deux hommes fur la terre qui voyent le même objet de la même manière & au même degré. Il faudroit pour cela que leurs yeux euffent

exactement la même conformation; ce qui n'arrive point dans la nature. Il n'y a pas fur la
terre deux feuilles d'arbres qui fe reffemblent
exactement.

Les couleurs, les faveurs, les odeurs, les
fons, & la plupart des qualités qui font l'objet
du toucher, ne font donc que des illufions qui
changent & varient dans chaque individu. Les
hommes croyent avoir des idées femblables, parce
qu'ils expriment certaines idées par les mêmes mots.
Par exemple, tous les hommes font convenus de
donner le nom de rouge à une certaine couleur:
mais chacun d'eux exprime par ce mot une fenfation différente. Et cependant ces illufions font
le fondement de toutes nos connoiffances. Faut-il
s'étonner que les erreurs foient fi communes &
les vérités fi rares?

Nos fens ne peuvent nous préfenter que des
qualités. Mais en réfléchiffant fur ces qualités,
nous fentons qu'elles ne peuvent pas exifter feules;
il faut qu'elles foient appliquées fur quelque chofe:
le *rien* ne fauroit avoir ni propriétés, ni qualités.
Il nous eft impoffible de connoître ce quelque

chofe, parce que nous ne pouvons avoir d'idées que par nos fens, & que nos fens ne nous préfentent que des qualités. Sûrs qu'il exifte quelque chofe auquel des qualités font unies, nous avons parlé de ce quelque chofe comme fi nous le connoiffions; nous lui avons donné des noms, nous l'avons appellé *fubftance.*

La fubftance n'eft donc, à proprement parler, que ce quelque chofe que nous croyons devoir exifter pour foutenir plufieurs qualités réunies; ou pour mieux dire, nous appellons fubftance une réunion de qualités.

En examinant attentivement la réunion des qualités d'un objet corporel, nous avons remarqué qu'il y en avoit quelques-unes qui reftoient tellement unies à l'objet qu'il ne pouvoit fubfifter fans elles; & d'autres qui pouvoient s'en féparer & faire place à de nouvelles.

Nous avons donc divifé les qualités en *qualités effentielles* & *qualités accidentelles.*

Les qualités effentielles font celles qui font tellement propres à une chofe, qu'elles ne fauroient en être féparées fans que la chofe difparoiffe : elles forment ce qu’on appelle l’*effence*. La rondeur eft une qualité effentielle du cercle.

Les qualités accidentelles font celles qui peuvent exifter ou ne pas exifter dans un objet fans qu’il perde fa propriété. Par exemple, qu’un cercle foit blanc, bleu, verd, grand, petit, &c. il n’en eft pas moins un cercle : fes qualités effentielles reftent cependant toujours les mêmes.

En regardant la réunion de plufieurs qualités, je puis m’occuper affez particulièrement de l’une d’elles pour oublier toutes les autres. Cette efpèce d’opération de l’efprit s’appelle *abftraction*; c’eft-à-dire féparation ; & l’idée qui en réfulte fe nomme une idée abftraite. Ainfi quand je m’occupe particulièrement de la longueur d’une planche, fans penfer ni à fa couleur, ni à fa largeur, ni à aucune autre de fes qualités, je fais une abftraction.

Il y a encore une autre forte d’abftraction: c’eft de fuppofer qu’une qualité eft totalement féparée de l’objet, & qu’elle forme une chofe réellement exiftente. Ainfi quand je confidère la qualité que l’on exprime par le mot *blanc*, comme féparée de tout objet, & exiftant feule, je la nomme *blancheur*; & ce mot blancheur exprime une chofe qui n'exifte point réellement hors de mon efprit, & qui n'eft que le réfultat de mon abftraction.

En faifant des abftractions, nous découvrons des qualités communes à plufieurs chofes: alors nous rangeons toutes ces chofes en une claffe; nous donnons un nom à cette claffe, & nous formons ce qu'on appelle des *idées générales*.

Chaque chofe eft une, & on l'appelle par cette raifon fingulière, individuelle. *Pierre* eft un individu, Paul eft un individu; il n'y a que des individus dans la nature. Mais comme plufieurs de ces individus ont des qualités qui leur font communes, nous les avons rangés dans différentes claffes, auxquelles nous avons donné des noms.

Ainfi ayant remarqué que Pierre, Paul, Jean & tous les individus femblables à nous que nous avons vus, avoient des qualités communes, nous avons appellé *homme* tous les individus qui ont ces qualités.

Ayant obfervé enfuite que dans cette claffe générale que nous avons appellée *homme*, il y a plufieurs individus qui ont d'autres qualités communes qui les diftinguent de plufieurs autres, nous les avons rangés en claffes moins nombreufes, & nous avons eu les idées générales de *favans, ignorans, militaires, eccléfiaftiques, nobles, roturiers, &c.*

Les claffes qui font fubdivifées en d'autres claffes moins confidérables, fe nomment *genres;* celles qui en font des fubdivifions, font appellées *efpèces.* Il s'enfuit de là qu'une même claffe peut être en même tems genre & efpèce.

E X E M P L E.

Genre.		GENRES.		ESPÈCES.		
A N I M A L	*Efpèces*	Hommes,		Blancs , noirs, favans, ignorans, &c.		*Genres.*
		Quadrupèdes.		Chevaux, lions, tigres, &c.		
		Oifeaux.		Aigles , vautours, roffignols, &c.		
		Poiffons.		Carpes, brochets, morues, &c.		

Il eft clair que ces claffes ne font que des êtres imaginaires. C'eft notre efprit qui leur a donné un être ; hors de lui elles n'en ont point. Il n'exifte en effet ni genre, ni efpèces ; c'eft même la foibleffe & l'imperfection de notre efprit qui fait que nous trouvons de la reffemblance entre certains individus. Si nous étions plus éclairés, fi nous avions affez de fens pour appercevoir d'autres qualités, ou que les nôtres fuffent affez parfaits pour nous faire connoître toutes les différences, nous verrions qu'il n'y a pas un individu qui reffemble exactement à un autre ; & les claffes difparoîtroient.

Nous avons auffi diftingué dans les corps des qualités dont nous avions l'idée fans les comparer avec d'autres ; nous les avons nommées *qualités abfolues*. L'étendue, par exemple, eft une qualité abfolue, parce qu'on peut la connoître dans un corps fans la comparer avec quelqu'autre.

Ayant trouvé d'autres qualités qui dépendoient de la comparaifon de plufieurs objets entr'eux, nous les avons nommées *qualités relatives*. La grandeur eft une qualité relative ; car aucune chofe n'eft grande ni petite en elle-même ; nous ne la nommons telle que parce que nous la comparons avec quelqu'autre qui eſt plus ou moins grande.

Les ſubſtances que les philoſoſophes nomment ſpirituelles, auxquelles ils donnent une nature tout-à-fait différente des corps & des qualités directement oppoſées à celles de la matière; ces ſubſtances elles-mêmes ne nous ſont connues que par le moyen des ſens, & à l'occaſion des objets matériels qui agiſſent ſur eux.

Je laiſſe aux théologiens à examiner ſi l'ame eſt ou n'eſt pas ſpirituelle: cette queſtion eſt entièrement de leur reſſort. Mais quelques ſoient leurs raiſonnemens là-deſſus, ils ne pourront jamais ſe figurer une ame que comme un corps extrêmement délié qui échappe à nos ſens. C'étoit ainſi que les voyoient les anciens; c'eſt ainſi que les voient les théologiens de nos jours; & s'ils vouloient le nier, leur langage les trahiroit. Les anciens faiſoient errer les ombres des morts dans le Tartare & dans les Champs Eliſées; ils les faiſoient errer ſur les bords du Styx & de l'Achéron, & implorer la pitié du terrible Nautonier pour paſſer le fleuve redoutable.

Chez nous, les ames se séparent des corps: les unes montent au ciel; les autres descendent dans les enfers. A la fin du monde on les appellera au son de la trompette des quatre coins de la terre. Toutes ces actions ne peuvent convenir qu'à des corps.

Revenons au corps humain prêt à recevoir la vie; ou, si vous voulez, qui vient de la recevoir. Si ses yeux ne sont pas ouverts, si aucun son n'a frappé son oreille, si aucun objet n'a touché son corps, où prendra-t-il l'idée de son ame? C'est sa première sensation qui l'avertit qu'il pense, ou plutôt qui lui donne la première pensée. Il a connu l'existence de la substance corporelle, parce qu'il a vu des qualités qui ne pouvoient subsister toutes seules; il connoît l'existence de l'ame, parce qu'il sent des effets, des opérations qui doivent être produits sur quelque chose & par quelque chose. Mais quelle est la nature de l'une & de l'autre? C'est ce qui sera éternellement caché à tous les hommes.

Pour assurer que l'ame est matérielle, il faudroit pouvoir expliquer comment toutes nos senfations peuvent fe réunir en un feul point de la matière.

Pour affurer qu'elle ne l'eft pas, il faudroit connoître toutes les qualités & les propriétés poffibles de la matière, & être affuré que la penfée ne fauroit être le réfultat d'aucune d'elles en particulier, ni de plufieurs, ni de toutes enfemble.

Nous avons cinq fens, fources uniques de nos idées. Mais s'il exifte dans la nature des qualités qui pourroient être les objets de 1000 millions de fens différens des nôtres, que favons-nous en comparaifon de ce qu'on peut favoir? Comment ofons-nous juger hardiment des chofes dont nous avons des connciffances fi bornées? Comment ofons-nous affirmer qu'un chofe n'eft pas parce que nous ne pouvons la concevoir?

Suppofons pour un moment que tous les hommes d'une nation entière n'euffent que quatre fens, que tous fans exception fuffent privés de la vue. Suppofons que cette nation vienne à apprendre tout d'un coup qu'il exifte fur la terre une autre nation qui a au milieu du vifage deux

organes, par le moyen defquels les objets corpo-
rels font éprouver à leurs ames des fenfations que
l'on nomme couleurs; ils ne pourroient point
douter de l'exiftence de ce cinquième fens, puifqu'une nation entière affureroit l'éprouver à chaque inftant. Mais quelle idée pourroient-ils fe
former de la nature des couleurs? Comment leur
faire comprendre la différence du bleu, du rouge,
du verd, &c? Et fi leurs théologiens raifonnoient
là-deffus, leurs raifonnemens ne paroîtroient-ils
pas bien ridicules à la nation *clair-voyante?*

Dès que nous avons une fois imaginé une
fubftance différente du corps qui pouvoit y être
unie & en être féparée fans ceffer d'exifter, il ne
nous en a rien coûté pour peupler l'univers de
Sylphes, de Génies, de Mânes, de Dieux, de
Déeffes, de Diables, d'Anges; nous avons mis des
efprits par-tout; notre imagination égarée leur a
forgé des habitations dans le centre de la terre,
fur la voûte des cieux, au milieu des airs, hors
de l'univers. Après avoir féparé notre ame de
notre corps, après avoir ofé affurer qu'une ame
peut exifter fans matière, nous avons auffi féparé

Dieu

Dieu du monde; nous nous le fommes figuré hors du monde, exiftant avant le monde, ayant la puiffance de le produire, & ne le produifant point, exiftant après le monde, fans rien produire, & fans qu'il exifte de matière : de forte que la matière, cette matière dont nous fommes formés; cette matière, l'objet, la caufe, la fource de nos befoins, de nos plaifirs, de nos idées, de nos fenfations, de nos richeffes, de notre gloire, de notre beauté; cette matière la feule chofe que nous connoiffions, a été avilie, méprifée; & l'imagination extravagante de l'homme a formé mille fantômes qui le glacent maintenant de terreur & d'effroi. (*a*)

(*a*) Je ne doute point qu'il ne fé trouve quelque bonne ame dévote, quelque théologien habile qui ne crie ici à l'athéïfme. On eft athée dans tous les pays du monde quand on ne penfe pas comme les théologiens gagés. Je dis donc ici, comme je l'ai dit ailleurs, que nous ne pouvons douter de l'exiftence de Dieu; c'eft-à-dire d'un principe fouverainement bon & fouverainement fage qui gouverne le monde: mais j'ajoûte que la nature a mis devant fon fanctuaire un voile impénétrable qui le cache à notre foible intelligence; j'ajoûte que la matière n'eft pas fi vile que l'ont faite les théo-

Concluons. C'eſt des ſens que nous viennent toutes nos idées, même celles du ſentiment intime de notre exiſtence; même celles dont l'objet paroît ne point tomber ſous les ſens; mêmes celles des ames, des Anges, de Dieu.

logiens; que nous ſerions bien ſurpris, ſi des milliers de ſens nouveaux nous offroient des milliers de propriétés inconnues; que nous ririons peut-être alors de nos opinions, comme nous rions d'un aveugle qui veut juger des couleurs. Je dis enfin que la ſcience du plus profond métaphiſicien & du théologien le plus habile eſt bien peu de choſe, & que s'il y a quelque différence à cet égard, entre un ſavant & un ignorant, l'avantage eſt ſûrement du côté de ce dernier. Nous avons éprouvé des ſenſations, & nous avons dit : il faut qu'il y ait quelque choſe hors de nous qui produiſe ces ſenſations; il faut qu'il y ait quelque choſe en nous qui reçoive ces ſenſations ; c'eſt la ſubſtance & l'ame. Nous avons vu des effets dans l'univers; nous avons dit: il faut qu'il y ait une cauſe univerſelle & première qui ſoit la ſource de tous ces effets : voilà l'idée de Dieu, & voilà tout.

CHAPITRE II.

Des principales opérations de l'ame.

Lorsque l'air eſt agité de manière à produire ce que nous appellons un *ſon*, cette agitation fait également impreſſion ſur les oreilles d'un homme vivant & ſur celles d'un corps mort qui ſe trouveroit à côté de lui. Toute la différence qu'il y a entre l'un & l'autre; c'eſt que le premier eſt averti de cette impreſſion par un effet particulier qu'il éprouve, & que l'oreille du mort eſt frappée ſans que le mort éprouve ou ſente un effet à l'occaſion de cette impreſſion. C'eſt dans cet effet ſecret que conſiſte l'opération de l'ame que nous appellons *perception :* c'eſt la conſcience de la ſenſation.

La *perception* eſt donc l'impreſſion occaſionnée dans l'ame par l'action des ſens. C'eſt le premier & le moindre degré de connoiſſances.

Si pluſieurs objets frappent en même tems mes yeux, ils produiſent en moi une foule de perceptions d'autant moins vives, qu'elles ſont plus nombreufes. S'il y en a quelques-unes qui augmentent peu à peu, les autres diminueront à proportion, & difparoîtront même entièrement lorfque les premières feront parvenues à un certain degré.

Je m'explique: je fors d'une maifon de campagne par une belle matinée de printems, au moment où le foleil femble fortir du fein d'un lac, où les troupeaux vont aux champs, où les oifeaux font retentir l'air de leurs ramages, où la rofée répand un vif éclat fur les fleurs de la prairie; tous ces objets me font éprouver en même tems plufieurs perceptions diverfes, qui, au premier inftant, m'affecteront peut-être également. Tout-à-coup je vois à quelqu'éloignement un animal fortir d'un bois; mes yeux fe dirigent vers lui; la perception des autres objets diminue; je l'obferve de plus en plus: c'eft un loup; il s'avance vers un troupeau, fe jette fur un agneau, l'emporte. Mes yeux ont fuivi l'animal dans tous fes mouvemens, dans toute fon action; la perception des autres objets a diminué avec rapidité; bientôt il n'y eut plus pour moi ni foleil, ni lac,

ni ramages, ni prairies ; il n'y eut qu'un loup &
un agneau. Cette perception qui a fait difparoître toutes les autres, n'eft qu'une fenfaticn que
j'ai rendue plus forte en dirigeant mes organes
vers un objet, afin de le remarquer plus particulièrement que les autres ; & l'opération de mon
ame qui s'eft procurée cette fenfation plus forte fe
nomme *attention*.

L'attention peut fe porter ou fur un objet,
ou fur les parties d'un objet.

Lorfque je donne en même tems mon attention à deux objets & que les qualités de ces objets
me paroiffent femblables ou différentes , mon
ame fait ce qu'on nomme une *comparaifon*.

Pour comparer, il ne fuffit pas d'appercevoir
en même tems les deux objets; il faut outre cela
un acte de l'efprit qui veuille faifir en eux des
reffemblances ou des différences. Ce font ces reffemblances ou ces différences des objets qui forment ce qu'on appelle des *relations*, des *rapports*.

Quand je confidère deux feuilles de papier
pour voir fi elles font ou ne font pas de la même
grandeur, je les compare; quand j'apperçois ou

crois appercevoir entr'elles un rapport d'égalité ou d'inégalité, je forme un *jugement*.

Un jugement eft donc une opération de l'ef-prit, par laquelle il apperçoit que deux objets ont ou n'ont pas entr'eux tel ou tel rapport.

Tout jugement fuppofe donc néceffairement deux idées que l'on a comparées, & entre lef-quelles on a apperçu un rapport. Quand j'apper-çois entre deux idées un rapport d'égalité ou de reffemblance, mon jugement fe nomme *jugement affirmatif*; quand j'apperçois entre deux idées un rapport d'inégalité ou de diffemblance, je forme un jugement qu'on nomme *jugement négatif*.

Ainfi quand j'apperçois l'égalité de grandeur de deux feuilles de papier, je fais un *jugement affirmatif*; quand j'apperçois l'inégalité de deux feuilles de papier, je fais ce qu'on appelle un *ju-gement négatif*.

On peut fixer fon attention fur deux jugemens comme fur deux idées; on peut les comparer en-femble; on peut voir s'ils ont entr'eux des rap-ports de reffemblance ou de diffemblance. Apper-

eevoir un rapport de reſſemblance ou de diſſem-
blance entre deux jugemens, c'eſt *raiſonner*.

Le *raiſonnement* eſt donc une opération de
l'eſprit, par laquelle il apperçoit que deux ou
pluſieurs jugemens ont ou n'ont point de reſſemblance entr'eux.

De même que le jugement ſuppoſe au moins
deux idées; le raiſonnement ſuppoſe au moins
deux jugemens.

Quand je compare dans mon eſprit ces deux
jugemens,

> *Tout homme a des ſens,*
>
> *Pierre a des ſens,*

& que j'apperçois entr'eux un rapport de reſſemblance; c'eſt-à-dire que le ſecond eſt contenu
dans le premier, je forme un *raiſonnement*.

Pour comparer, pour juger, pour raiſonner,
il a fallu néceſſairement conſidérer les idées,
tantôt enſemble, tantôt les unes après les autres;
il a fallu y revenir à pluſieurs fois; il a fallu conſidérer quelques qualités, quelques parties, revenir ſur celles qu'on avoit déjà conſidérées & y
donner ſon attention à pluſieurs repriſes. Or cette

opération par laquelle nous appliquons tour-à-tour notre attention à diverſes perceptions ou à divers jugemens, s'appelle *réflexion.*

Quand la réflexion eſt profonde & qu'elle dure pendant longtems, on la nomme *méditation.*

Si nous nous rappellons les objets qui nous ont fait éprouver des ſenſations, cette opération ſe nomme *mémoire;* ſi à ce ſouvenir ſe joint celui de la ſenſation même que nous avons éprouvée, cette opération appartient à la faculté de l'ame que l'on nomme *imagination.*

L'*imagination* ne ſe borne pas toujours à nous rappeller vivement les ſenſations que nous avons éprouvées ; plus active, plus féconde que la mémoire, elle raſſemble mille objets, mille parties éparſes que cette dernière lui offre, & en forme une foule d'objets nouveaux qu'elle varie à ſon gré.

C'eſt par le moyen de toutes les opérations dont je viens de parler que l'ame acquiert des connoiſſances; c'eſt par elle qu'elle entend pour ainſi dire les idées, comme l'oreille entend les ſons; c'eſt pourquoi on a réuni toutes ces opérations de l'ame fous une dénomination commune : c'eft l'*entendement*.

Toutes ces opérations prennent le nom de faculté; c'eft-à-dire, pouvoir, capacité. La mémoire eft la faculté de fe rappeller; l'imagination la faculté de fe repréfenter les fenfations, comme nos pieds ont la faculté de marcher, les mains la faculté de manier, &c.

Mais il eft d'autres facultés de l'ame qui donnent du reffort, du feu, de la vie à toutes les autres; ce font les *paffions*.

Parmi les différentes fenfations que nous avons éprouvés, il y en a eu de douces & d'agréables, de douloureufes & défagréables. De là ont été produits dans notre ame deux efpèces de fentimens : les *plaifirs* & les *peines*.

Reprenons l'homme fait que nous avons fuppofé, dans le chapitre précédent, venant de recevoir le mouvement & la vie. Le premier fentiment de plaifir qu'il éprouvera fera, fans doute, l'*admiration*. Les beautés de l'univers le frapperont; l'exercice de fes facultés fera couler dans son cœur une douce joie; tout lui paroîtra nouveau & agréable; il admirera tout.

Quelque changement subit & inattendu fera naître en lui l'*étonnement*; & ces deux sentimens produiront bientôt la *curiosité*; c'est-à-dire le désir de mieux connoître ce qu'il ne connoît encore qu'imparfaitement. En satisfaisant à ses besoins il éprouvera de nouveaux plaisirs; mais l'absence des objets qui les lui ont procurés, le mettra bientôt dans cet état de mal-aise & d'inquiétude qu'il éprouvoit avant que d'y avoir satisfait, & les besoins renaîtront.

Alors toutes les facultés de son corps & de son ame se porteront vers ces objets qu'il sent nécessaires à son bonheur, & il éprouvera ce qu'on appelle *désir*.

S'il reste longtems sans pouvoir se procurer l'objet désiré, le désir continue, il s'irrite, il devient ce qu'on appelle *passion*.

Alors naîtront tour-à-tour dans son ame la *crainte* & l'*espérance*, la *tristesse* & la *joie*. Alors il éprouvera l'*inquiétude*, l'*irrésolution*, le *courage*, l'*abbattement*, l'*impatience*, l'*ennui*, le *dé-*

goût, l'*averſion*, le *repentir*, la *ſatisfaction*, les *regrets*, &c.

Il eſt d'autres paſſions qui naiſſent des plaiſirs de l'eſprit & de l'imagination : telles ſont celles qui nous viennent des ſciences & des arts.

L'homme en ſociété contracte de nouveaux beſoins, éprouve de nouveaux plaiſirs, de nouvelles peines, de nouvelles paſſions.

Il aura pour ſes ſemblables de la *haine* ou de l'*amour*, ſelon le bien ou le mal qu'il en éprouvera ou qu'il en attendra, ſelon les défauts ou les perfections qu'il reconnoîtra en eux. L'*amour-propre* fera naître dans ſon cœur l'*orgueil*, le *mépris*, l'*ambition*, la *jalouſie*. La préſence ou le ſouvenir du mal lui inſpirera la *colère*, l'*indignation*, la *vengeance*.

On a nommé *entendement* toutes les opérations qui ont rapport aux perceptions & aux connoiſſances. On nomme *volonté* toutes celles qui dépendent des beſoins & des paſſions.

Reprenons le fil de nos idées; & rappellons en peu de mots le ſyſtême des opérations de l'ame.

L'ame eft un principe doué de connoiffance &
de fentiment qui eft en nous. L'ame eft une;
mais nous divifons fes opérations. Quand elle
opère pour connoître, nous l'appellons *entende-*
ment ; quand elle opère pour fe procurer des
plaifirs ou éloigner des peines, nous lui donnons
le nom de *volonté.*

A l'*entendement* appartiennent la perception,
l'attention, la comparaifon, le jugement, le raifonnement, la réflexion, la méditation, la mémoire, l'imagination.

Sous le nom de *volonté* font rangées toutes
les opérations qui ont rapport à nos befoins, à
nos défirs, à nos paffions.

C'eft dans toutes ces opérations que toutes
nos penfées prennent leur fource. L'art de penfer
confifte à favoir les diriger de la manière la plus
convenable aux deux buts généraux de la parole;
c'eft-à-dire inftruire & à plaire. C'eft fous ce
point de vue que nous allons les confidérer.

CHAPITRE III.

De la manière de diriger les opérations de l'entendement.

J'AI dit que les sens ne nous offroient que des illusions ; c'est-à-dire qu'ils nous faisoient appercevoir dans les objets des chofes qui n'y exiftent point. Mais fi l'on confidère les fenfations par rapport aux perceptions qu'elles excitent dans notre efprit, il eft certain qu'elles nous fourniffent des idées claires & diftinctes. Je regarde de loin une tour, je la vois ronde, elle ne l'eft pas ; mes fens me font voir dans cette tour une qualité qui n'exifte pas en elle ; mais la perception de rondeur que cette fenfation produit dans mon efprit eft une perception claire & diftincte ; une perception dont je puis déterminer & diftinguer les différentes qualités, & que je ne confondrai point avec une autre. Ainfi mes fenfations ne m'induiront point en erreur tant que je ne jugerai pas que ce qu'elles me font éprouver exifte réellement dans les objets qui les excitent.

Pour être sûr de ne point avoir d'idées confuses & obscures, il faut considérer nos sensations telles qu'elles sont dans notre esprit, & les séparer des objets.

Nos perceptions sont les fondemens de toutes nos connoissances. Elles méritent donc une attention particulière. Plus j'aurai de perceptions à la fois, moins l'impression qu'elles feront sur moi sera forte & durable. Je les appercevrai à peine, elles se dissiperont aisément, & je n'aurai plus le pouvoir de me les rappeller.

Si je veux qu'elles laissent dans mon esprit des traits ineffaçables, il faut que l'attention me fixe sur chacune d'elles en particulier; que la réflexion m'y ramène souvent; en un mot que ces deux opérations les déterminent & les rendent amilières.

On a dit souvent que pour augmenter l'attention, il falloit éviter le bruit & les sensations violentes. Toutes ces précautions peuvent être utiles quand l'ame est déjà disposée à recevoir les idées qu'on veut lui inculquer. Mais si elle ne s'est pas fait une habitude de la réflexion, si elle n'a pas éloigné tous les preſtiges que les fantômes de la ſociété & de l'éducation produiſent ſans ceſſe, ſi elle n'a pas écarté les monceaux de cendres qui couvrent l'étincelle de la vérité, ſi cette vérité ne l'enflamme pas de ſes attraits divins, c'eſt en vain qu'elle voudra conſidérer attentivement quelqu'objet, mille diſtractions viendront l'arracher d'une étude qui ne l'intéreſſe pas. Le premier pas à faire dans la direction de nos opérations, eſt donc de nous rendre la vérité aimable & intéreſſante; c'eſt de nous faire ſentir cet ordre admirable, cette harmonie délicieuſe qui la lie eſſentiellement à notre bonheur. Sans l'attrait ou l'eſpérance du plaiſir, l'eſprit découragé languit dans la carrière de toutes les ſciences.

Plus j'examinerai avec attention un objet placé hors de moi, plus je découvrirai de qualités qui m'avoient échappées à la première vue; plus les idées que j'en prendrai ſeront claires & diſtinctes; plus j'aurai de matériaux pour former des jugemens ſur cet objet.

Il en eſt de même ſi je réfléchis, c'eſt-à-dire ſi je conſidère avec attention les idées de mon efprit, j'y découvrirai une infinité de rapports qui m'auroient échappé fans cela.

La réflexion eft une fource féconde d'idées; elle crée pour ainfi dire nos perceptions, & les anéantit à fon gré ; elle les tire de la memoire, les arrange, les combine, les augmente, les affoiblit, les rejette.

Le moyen le plus fûr pour diriger la réflexion, c'eft de mettre dans nos méditations de la clarté, de la précifion & de l'ordre.

Pour mettre de la clarté dans nos méditations, il faut que les objets fur lefquels nous opérons foient clairs & déterminés. Or quels font les objets fur lefquels notre réflexion opère ? Ce ne font pas les idées mêmes; mais les fignes que nous avons donnés aux idées; c'eft-à-dire les mots.

Nous dépendons tellement des fens, que toutes les opérations de notre ame, même celles qui paroiffent les plus fpirituelles, s'exercent réellement fur des fignes fenfibles.

Quoi de plus abftrait que les nombres? Mais je ne puis réfléchir fur les nombres fans me les repréfenter par des fignes. Je ne pourrois comparer

enfemble

enfemble les nombres vingt, cent, mille, s'il n'exif-
toit pas des fignes fenfibles; c'eft-à-dire des mots
ou des chiffres fur lefquels j'opère; & mes opérations feroient faites au hafard, fi chaque mot,
fi chaque chiffre n'étoit pas clairement déterminé
à fignifier tel ou tel nombre, ni plus ni moins.

Il en eft de même des objets abfens que
nous nous rappellons par le fecours de la mémoire. Lorfque notre réflexion opère fur ces
idées, lorfqu'elle les compofe, qu'elle les dé-
compofe, qu'elle les compare, elle agit, non fur
les idées mêmes, mais fur les mots qui les repréfentent: ces mots font pour la réflexion ce que
font les chiffres dans l'arithmétique.

Il s'enfuit de-là que le premier moyen de pro-
céder avec clarté dans nos méditations, c'eft de
déterminer avec exactitude la véritable valeur ou
fignification des termes. Il s'enfuit de-là que la
grammaire qui apprend à faire cette détermination eft, quoiqu'en difent quelques efprits fuperficiels, la fcience la plus utile & la plus indif-
penfable, puifqu'elle forme la bafe de toutes nos
connoiffances, de tous nos jugemens; puifque fans

elle nous opérons au hafard, & que nos jugemens
& nos raifonnemens doivent reffembler alors aux
règles d'un calculateur qui n'opéreroit que fur
des chiffres dont la valeur ne feroit point déterminée.

Pour attacher aux mots des idées déterminées,
il faut s'y accoutumer dès l'enfance. Les opérations de notre ame reffemblent à celles de notre
corps : une fuite répétée d'actions de la même
efpèce nous les rend familières, & les tourne
tellement en habitude, qu'il nous eft fouvent impoffible de prendre des habitudes contraires.

Dans l'enfance, environnés d'une foule d'objets relatifs à nos befoins, nous nous preffons de
juger avant que de réfléchir. Des milliers de
mots que nous ne comprenons pas, frappent nos
oreilles; nous y attachons des idées vagues; &
formant à chaque inftant des jugemens & des raifonnemens avec ces mots, ou les recevant tout
formés de ceux qui nous environnent ou qui
nous enfeignent, notre efprit eft bientôt rempli
de préjugés & d'erreurs. Dans un âge plus avancé,
l'habitude conferve ces jugemens avec lefquels

nous fommes familiarifés; & quelques faux, quelqu'extravagans qu'ils puiffent être, nous fommes
très-étonnés quand quelqu'un veut nous en prouver la fauffeté & l'extravagance. D'ailleurs il eft
humiliant d'avouer qu'on s'eft trompé depuis
l'enfance; & l'entêtement refte fortement attaché
à des erreurs que l'amour-propre défend.

C'eft ainfi que toutes les fauffes religions forment dans l'ame des préjugés plus forts que la
raifon, & produifent des opinions extravagantes
que l'on défend aux dépens de fa vie. Celui qui
a dit le premier : n'enfeignez la religion aux enfans que lorfqu'ils feront en âge de raifon, prévoyoit bien les fuites heureufes de cette méthode.
Il vouloit épurer la religion des préjugés qui la
déshonorent.

Dans les mathématiques, nous fommes toujours fûrs de la vérité, parce que nous avons
opéré fur des fignes exactement déterminés; dans
toutes les autres fciences, nos conclufions fe rapprocheront des vérités mathématiques, fi nos
idées ou les mots qui les expriment fe rapprochent
de la détermination des fignes de cette fcience.

Le moyen d'aceoutumer les enfans à déterminer l'ufage des mots dont ils fe fervent, ce feroit
de les exercer à appliquer eux-mêmes les noms
ufités, aux chofes qui font tous les jours entre
leurs mains. Par exemple, après avoir fait fentir
à un enfant par une defcription détaillée ce que
c'eft qu'une *chaife*, je lui ferois appliquer ce mot
à la chofe expliquée; puis, paffant enfuite à des
defcriptions de chofes d'un ufage à peu près femblable, mais d'un nom différent, je lui ferois
appliquer les mots de *fauteuil*, *fopha*, *canapé*,
banc, *efcabeau*, *&c*; & enfin je le conduirois infenfiblement à l'idée générale de *fiège*, à laquelle
je lui ferois appliquer ce mot, & ainfi de fuite.

L'enfant ainfi accoutumé à fentir la véritable
détermination des noms des objets qui font fans
ceffe fous fes yeux, apprendra facilement par la
même méthode à fe faire une idée des noms que
l'on donne aux objets moraux.

S'il lui arrive enfuite de former des jugemens
ou des raifonnemens où vous apperceviez qu'il n'a
pas eu une idée claire de la détermination des
termes qu'il emploie, feignez de ne pas le com-

prendre, il voudra s'expliquer; laiffez-lui faire des efforts pour y parvenir, & aidez-le fi la chofe eft au-deffus de fa portée.

Cette méthode donnera néceffairement de la clarté à fes idées; il ne confondra pas les mots les uns avec les autres; il s'accoutumera à fixer l'idée qu'il attache à chacun d'eux : de-là naitra la précifion.

Pour l'accoutumer à mettre de l'ordre dans fes connoiffances, je commence par celles qui l'intéreffent le plus; c'eft-à-dire par lui faire remarquer les objets relatifs à fes befoins, à fes plaifirs; étudiant enfuite les rapports qui lient ces objets intéreffans avec ceux qui le paroiffent moins, je tâcherois de le faire paffer infenfiblement des uns aux autres, & d'étendre fur les feconds l'attrait qui l'a fixé fur ies premiers.

Je formerois ainfi dans fon efprit une fuite de connoiffances qui feroient liées entr'elles, & qui fourniroient à fon jugement un magazin de matériaux qu'il pourroit retrouver au befoin, & dont il connoîtroit le prix & la valeur.

C iij

Dans notre éducation actuelle, loin de donner aux enfans des idées déterminées, on diroit
au contraire que nous faisons tous nos efforts pour
leur faire apprendre des termes vagues, & les faire
raisonner sur ces termes comme sur des signes
certains & déterminés. Ecoutez un enfant qui
apprend son catéchisme, la première question
qu'on lui fait, c'est celle-ci : *Qu'est-ce que Dieu?*
Sa réponse est prête, il la sait par cœur : *C'est le
Créateur du ciel & de la terre.* Mais qu'est-ce
qu'un *Créateur* ? qu'est-ce que le *ciel*? qu'est-ce
que la *terre* ? Quel est le philosophe assez habile
pour faire comprendre à un enfant l'idée déterminée qu'on attache à ces trois mots, si c'est par-
là qu'il commence son instruction ? S'il est assez
habile pour y parvenir, comment l'enfant retien-
dra-t-il des idées dont il ne connoît ni l'usage ni
l'importance ? Comment s'accoutumera-t-il à former des jugemens, des raisonnemens sur des mots
qui lui présentent des idées si éloignées de ses
besoins, de ses plaisirs, de son intérêt tel qu'il se
présente à sa foible intelligence? Rébuté par ces
mots qui lui paroissent étrangers & vides de

fens, il n'y réfléchira point; il adoptera aveuglément tous les raifonnemens que vous voudrez
bâtir fur des idées femblables; fon efprit s'y accoutumera fans que fon cœur s'y attache : & dans la
fuite, gouverné defpotiquement par cette habitude,
il périra s'il le faut pour foutenir les principes que
vous lui avez inculqués ; mais fa conduite déréglée vous prouvera peut-être qu'ils ont rempli
fa tête fans paffer jufqu'à fon cœur.

Il ne falloit pas faire quitter à un enfant fon
cheval de bois ou fa poupée, pour lui apprendre
ce que c'eft que Dieu; il falloit commencer par
lui apprendre ce que c'eft que fon cheval & fa
poupée, & le conduire de-là infenfiblement jufqu'à l'idée de l'Etre fuprême; c'étoit le feul
moyen de diriger fa réfléxion d'une manière claire,
& de la conduire infenfiblement du connu à l'inconnu par le fil de l'analogie.

La liaifon de ces idées avec fes befoins, les
lui rendra intéreffantes ; l'intérêt fixera l'attention, dirigera la réflexion : de-là naîtra l'habitude,
& l'habitude fervira de fondement à tout le fyftême des connoiffances qu'il acquerra dans la fuite.

Une chofe qu'il faut obferver fur-tout dans la détermination des fignes de nos idées; c'eft de ne pas attribuer une exiftence réelle à celles qui ne font que les opérations de notre efprit. Ce penchant que nous avons à réalifer nos abftractions, eft la fource d'une foule d'erreurs. On préviendra ce défaut dans les enfans, en les faifant paffer de la connoiffance des chofes fenfibles à celles des idées abftraites, & en leur faifant remarquer comment nous avons formé les dernières, qui ne font proprement que des vues particulières de notre efprit.

Il faut fe fervir des termes que l'ufage a établi; cela eft inconteftable. Mais nous fommes environnés d'erreurs; comment parviendrons-nous à les connoître, à les détruire fi nous n'examinons pas avec foin, fi l'ufage n'attache pas à certains mots une fignification qui n'eft fondée que fur des fuppofitions ou des préjugés?

Il eft donc très-utile dans la recherche de la vérité, d'examiner attentivement les termes que l'ufage emploie, afin de ne pas nous laiffer entraîner à leur accorder une fignification qui nous feroit eourir avec les autres dans la carrière d'erreur qu'ils ont tracée.

Les idées une fois déterminées, l'habitude une fois prife de les appercevoir telles qu'elles font, nos jugemens feront conformes à la vérité s'ils ne font pas portés au-delà de ce que nous appercevons. Il en fera de même des raifonnemens. Si l'on connoît exactement le fens de tous les termes d'une propofition & qu'on les confidère avec attention, on n'y fuppofera pas des rapports qui n'y feront point.

Les idées ne fe gravent dans la mémoire qu'autant qu'elles font liées les unes aux autres. L'imagination elle-même ne peut agir que fur les matériaux qu'elle trouve dans la mémoire; la détermination de nos idées influe donc auffi fur ces deux facultés; l'ordre dans lequel nous nous les repréfentons, contribue à les fixer dans la mémoire; & ce même ordre en nous accoutumant à les lier, forme la faculté qu'on nomme imagination, & lui offre en même tems une foule de matériaux non jettés au hafard, mais difpofés de manière à fe préfenter fous le jour le plus favorable,

Concluons de là qu'il eſt de la dernière importance de ne préſenter aux enfans que des jugemens dont ils comprennent les termes, ou du
moins de les accoutumer à ne former aucun jugement, aucun raiſonnement, ſans s'être fait une
idée exacte des ſignes ſur leſquels ils doivent opérer.

Les faux jugemens dont nous n'appercevons
pas exactement le rapport, nous accoutument à
lier indiſtinctement des idées incompatibles : bientôt notre imagination les adopte avec ardeur, ſa
chaleur defsèche le germe de la raiſon, & nous
errons au milieu d'un monde de chimères. Tel
eſt l'effet funeſte que font ſur l'imagination foible
des enfans auxquels on n'apprend pas à raiſonner,
les myſtères qui les tranſportent dans le purga-
toire, dans les enfers ; les contes des fées qui
les arrachent de la terre pour les promener vo-
luptueuſement dans des palais enchantés ; les
romans qui leur peignent les hommes ſous des
couleurs menſongères, qui leur font chercher
dans la ſociété une félicité chimérique, une perfection imaginaire, incompatible avec la nature
de l'homme : telles ſont les inſtructions qui font

les fanatiques, les enthoufiaftes, les dévots, les
foux, & qui répandent le crime & le malheur fur
la terre. (*a*)   .

L'homme eft placé fur la terre pour acquérir
des idées & former fon jugement: on ne doit
point le forcer à croire ce qu'il ne comprend
point; en l'y forçant, on dénature fon ame, on
l'avilit. Si nous voyons fi peu d'enfans, je ne dis
pas réuffir dans la carrière des fciences, mais finir

(*a*) On croiroit peut-être que j'exagère fi j'avançois
ici qu'on étoit plus éclairé à cet égard au neuvième
fiècle qu'au dix-huitième; mais qu'on life dans un auteur de ce tems ce qu'il dit de la grammaire telle qu'on
l'étudioit alors: "Quiconque, dit-il, ne fe contente pas
,, des mots, mais tâche auffi d'y attacher des idées, doit
,, étudier la grammaire; il apprendra à connoître les
,, tropes, à diftinguer le fens propre du fens figuré, &
,, à ne pas confondre l'un avec l'autre: *Rhaban Maurus*
,, *de Inftitutione Clericorum. Lib. III. Cap. 18.*" Il paroît
par-là que les Clercs de ce tems-là apprenoient une
autre grammaire que celle que nous enfeignent Wailli &
Reftaut; & quoique nous traitions ces fiècles d'ignorans
& que nous ayons raifon à bien des égards, ils pourroient
nous rendre la pareille, s'ils voyoient le peu de cas que
nous faifons aujourd'hui de cette fcience, & la manière
dont nous l'enfeignons.

leur éducation avec un jugement un peu formé : ce n'eſt pas toujours la faute de leurs diſpoſitions, mais celle des maîtres qui les·ont enſeignés. Les enfans ne paroiſſent ſouvent bornés & ne reſtent tels toute leur vie, que parce que nous les conduiſons par des routes détournées qui les fatiguent & les rebutent ; que parce que nous leur perſuadons ſouvent par nos inſtructions, qu'il eſt bon de croire ſans réfléchir ; que parce que nous favoriſons par-là, la pareſſe qui les porte à ne pas réfléchir.

Quelque borné que paroiſſe un enfant, vous trouverez cependant une idée relative à ſes beſoins, qui lui ſera claire & familière. C'eſt par-là qu'il faut commencer. Accoutumez - le à réfléchir ſur cette idée, & bâtiſſez ſur ce fondement.

C'eſt ainſi que vous conduirez inſenſiblement ſon eſprit, ſi non à la découverte de la vérité, du moins à ſentir ſi ce qu'on lui propoſe à croire eſt conforme ou non à la raiſon & au bon ſens ; c'eſt ainſi que vous formerez des hommes.

Nous ſommes environnés des ténèbres de l'erreur ; ne croyons rien ſur parole, examinons ce qu'on nous propoſe à croire ; ne livrons

pas notre ame à l'efclavage de l'opinion. Jettons
nos regards dans les fiècles qui font écoulés, nous
verrons toujours les enfans, triftes jouets des
erreurs de leurs pères, fucer avec le lait des préjugés toujours inutiles, fouvent funeftes, que la
tyrannie, l'ignorance ou la méchanceté avoient
établis. Les préjugés anciens ont difparu; d'autres
les ont remplacés; nous pleurons aujourd'hui fur
le fort de ces infortunés qui, conduits par un zèle
fanatique, ont trempé leurs mains dans le fang de
leurs pères, ont égorgé leurs enfans fur les autels
de leurs Dieux: la génération fuivante pleurera
peut-être fur nos extravagances. Si nous euffions
été à la place de ces malheureux, qu'aurions-nous
fait? aurions-nous ofé porter l'œil de l'examen fur
les opinions de notre enfance? aurions-nous ofé
ne pas enfeigner à nos enfans ce que nos pères
nous auroient enfeigné? Nous le croyons aujour-
d'hui. Ofons donc porter le flambeau de la vérité
fur les opinions qu'on nous a inculquées dans notre
enfance; examinons fi elles ne font pas fondées
fur des principes femblables à ceux que nous dé-
teftons dans les fiècles qui nous ont précédés.

La plus cruelle de toutes les tyrannies, la plus funeſte à l'humanité, c'eſt celle qui s'exerce ſur l'ame. Elle corrompt le germe de la raiſon; elle rompt le bâton que Dieu avoit donné à l'homme pour ſe ſoutenir, & le force à ramper dans la fange comme les reptiles. Pères, mères, en donnant, en ſouffrant qu'on donne à vos enfans dès le berceau des opinions myſtérieuſes que vous ne comprenez pas vous-même, vous uſurpez un droit qui ne vous appartient pas; vous jettez dans leur ame les premiers germes de l'erreur & du menſonge; vous les accoutumez au mal; vous abuſez du plus doux, du plus ſacré des droits, du plus doux des ſentimens, de l'autorité paternelle, de l'amour paternelle; vous en abuſez pour dénaturer une ame que Dieu fit pour recevoir les lumières de la vérité; vous poſez la pierre ténébreuſe du menſonge ſur le germe de la vérité; vous l'empêchez de paroître, vous l'étouffez dans ſa naiſſance; vous retardez le progrès des lumières; vous concourez avec les méchans & les ignorans à retenir les ténèbres ſur la terre : vos inſtructions criminelles préparent le malheur & l'ignorance des générations futures.

En mettant dans leur ame la première opinion obſcure, vous poſez le fondement de toutes leurs erreurs; vous briſez le reſſort de leur raiſon; vous perdez un tems précieux que vous auriez pu employer à leur bonheur.

La vérité & la vertu ſont unies par des liens indiſſolubles: l'une dépend de l'autre; l'une conduit à l'autre. Ainſi ce ſont vos erreurs qui conduiſent vos enfans aux vices. Un enchaînement de vérités leur auroit fait ſentir vivement que leur bonheur dépend de la vertu. Vos erreurs ont dégoûté leur ame de la vérité. Vous les avez mis vous-même dans le chemin du menſonge, & par conſéquent du vice; vous les avez forcés à ſoumettre leur raiſon au joug de vos opinions. Accoutumée à ramper, elle ſe ſoumettra bientôt à celui des paſſions. C'eſt donc vous qui les avez rendus fourbes, traîtres, diſſimulés, vindicatifs; c'eſt vous qui les rendez enfans dénaturés, pères barbares, mauvais époux, mauvais amis, mauvais frères, mauvais citoyens. La nature avoit préparé un animal raiſonnable, vous avez fait un monſtre.

L'habitude de déterminer nos idées, ou les
fignes qui les repréfentent, eft donc la qualité la
plus néceffaire pour former des efprits juftes : elle
influe fur toutes les opérations. Sans cette habitude, il n'y a que confufion & ténèbres ; avec cette
habitude, tout rentre dans l'ordre, nous fommes
dans la route de la vérité & du bonheur. Il faut
donc tâcher de former cette habitude dans ceux
que nous enfeignons ; & s'il eft trop tard pour la
former en nous, foyons affez prudens pour nous
défier de nos jugemens, & ne commandons point
aux autres avec orgueil des opinions que nous
avons prifes aveuglément.

CHAPITRE

CHAPITRE IV.

De la manière de diriger les opérations de la volonté.

Toutes les opérations de notre ame font
fi étroitement liées entr'elles, que la perfection
des unes produit la perfection des autres ; que
l'ordre une fois introduit dans les premières, s'é-
tend naturellement jufques dans les dernières. Dès
que l'efprit de l'homme s'eft porté vers la vérité,
dès qu'il a formé l'heureufe habitude de régler
tous fes jugemens fur fes lois immuables, la raifon, cette lumière divine, naît dans fon ame;
elle l'éclaire; elle la remplit toute entière. Si les
paffions ne l'ont pas encore troublée, elles fe fou-
mettront en naiffant à cette lumière. Elles l'auroient embráfée, fi elles y fuffent entrées les premières, femblables à un foyer ardent auquel on
n'auroit pas préparé des bornes.

L'habitude de juger fainement, nous fait connoître le jufte prix des chofes; & les paffions fe
règlent fur ce prix, s'il eft bien connu. En vain
les paffions nous pouffent avec impétuofité fur une

route où il y a un précipice. Si notre esprit en a auparavant examiné les bords, s'il en a sondé la profondeur, quelque soit la rapidité de notre course, la vue du danger nous effraie, nous nous arrêtons au bord du précipice; la passion se ralentit, elle s'éteint.

Telle est la force de la raison sur les passions lorsqu'elle a pris dans l'ame le premier & le suprême empire. Alors elles produisent cet accord heureux de toutes les facultés de l'ame qui concourent à lui faire connoître le vrai & aimer le bon. Elles donnent la vie à toutes ses actions, les poussent & les dirigent vers le but général; elles forment & embellissent tous ses talens.

Tous nos talens doivent se diriger vers ce que nous aimons; sans cela ils ne se perfectionneront point; ils s'éteindront au contraire, & nos efforts paroîtront étrangers & ridicules. Si nous aimons le mensonge, nos ouvrages ne plairont point, parce qu'il n'y a que le vrai qui puisse plaire. Nous ne saurons point peindre la vertu si nous aimons le vice; nous ne saurons pas même peindre le vice fi nous l'aimons : il faut le peindre fous des couleurs odieufes. Le vice préfenté fous des couleurs aimables, n'eft qu'un monftre déguifé. L'enveloppe peut plaire à quelques efprits fuperficiels; mais les bons efprits la déchireront.

La première paffion que nous devons nourrir dans nos cœurs, c'eft l'amour de la vérité & de la vertu. L'amour de la gloire eft la feconde. Celui qui a dit que nous pouvions aimer une chofe pour elle-même, étoit ou un fourbe qui vouloit tromper fes femblables, ou un ignorant qui ne connoiffoit ni la nature de l'amour, ni le cœur de l'homme.

Le plaifir eft le but de toutes nos actions, de tous nos défirs, de tous nos projets, de toutes nos penfées. Celui qui meurt pour le falut de ce qu'il appelle fa patrie; celui qui périt au milieu des flammes pour foutenir une opinion qu'il ne comprend point, attachent à leurs actions l'idée d'une récompenfe quelconque qu'ils préfèrent à tout, même à la vie: c'eft ou la gloire qui leur furvivra parmi les hommes lorfqu'ils feront dans le tombeau, ou les Houris de Mahomet, ou les délices quelconques qui leur font promis dans une autre vie.

L'efpérance des délices de l'autre vie eft du reffort des théologiens. Le défir de la gloire doit être l'objet des réflexions du philofophe.

La gloire eft la plus douce récompenfe de la vertu & le plus puiffant reffort des bonnes chofes. Tout écrivain qui fe vante de méprifer la gloire, trompe ou les autres ou lui-même. Mais il eft deux efpèces de gloire: la vraie & la fauffe. La première eft fondée fur les préjugés & le men-fonge; la feconde l'eft fur les principes de vérité & de vertu tirés de la nature par un fens droit. La première étourdit la tête fans remplir le cœur; la feconde eft liée avec tout le fyftême de notre bonheur; elle remplit le cœur d'une joie pure: c'eft le plus haut degré de félicité que l'homme puiffe atteindre fur la terre, parce qu'elle eft pro-duite par la vertu.

La fauffe gloire eft liée avec des idées fauffes, des jugemens faux, des raifonnemens faux. Celui qui la défire eft bien près de la folie; ceux qui la donnent font dans le délire de la folie.

La vraie gloire eft fondée fur le bonheur de nos femblables, fur leur reconnoiffance ou leur admiration. Quand nous avons travaillé à ce bonheur, elle eft la fuite & la récompenfe de la vérité & de la fageffe.

La première fut la gloire d'Alexandre & de Mahomet; la feconde celle de Titus & de Socrate.

Le défir de la vraie gloire renferme toutes les vertus; & fans vertus il n'eft point de vrais talens. C'eft en vain qu'un auteur voudra gagner les fuffrages flatteurs du public; c'eft en vain qu'il tâchera d'établir fa gloire fur des fondemens folides, fi toutes fes idées ne fortent pas d'une ame pure & d'un cœur honnête, comme d'une fource féconde. Quels font les ouvrages qui plaifent à tous les hommes de tous les tems, de toutes les nations? Ce ne font pas ceux où l'efprit feul a réuni tous fes efforts; mais ceux dont le plan eft fimple comme les chofes de la nature, dont les idées paroiffent trouvées plutôt que cherchées, dont les fentimens font naïfs & fans art. Et dans ces ouvrages, quels font les traits qui nous charment le plus? Qu'eft-ce que ce fublime qui nous ravit au-deffus de l'humanité? Il ne confifte point dans de grands mots arrangés avec art, qui frappent agréablement l'oreille, mais dans une penfée fimple, vraie, tirée de la nature des chofes, exprimée fimplement. Un fentiment vrai avoué par la nature & la vertu, exprimé en termes ordinaires, perce comme un trait l'ame du méchant ou de l'homme frivole; il va remuer jufqu'au fond de fon cœur le germe du vrai que la nature y a jetté; il admire malgré lui des vertus qui le condamnent; il détefte des vices qui rempliffent fon cœur.

Mais comment parviendrons-nous à former en nous cette fource de vraies beautés? C'eft en formant notre cœur aux délices de la vérité & de la vertu; en le préfentant naïvement comme un miroir uni vis-à-vis des objets de la nature; en nous paffionnant pour les beautés qu'elle y peindra; c'eft-à-dire pour celles qui font relatives au bonheur de nos femblables, qui eft la vraie fource du nôtre.

De toutes les paſſions celle qui tend à faire le
bonheur des autres, eſt la plus noble, la plus
belle, la plus féconde en ſentimens délicieux : elle
ſeule produit les vrais plaiſirs & la vraie gloire.

Dieu n'eſt heureux que parce qu'il répand par-
tout le bonheur. L'homme qui croit être heureux
ſans communiquer à d'autres des jouiſſances agréables, s'abuſe. Comblé de tous les biens de la nature, au milieu d'un paradis terreſtre, l'homme
ſans un ſemblable deviendra bientôt le plus malheureux de tous les êtres.

C'eſt donc par le déſir de faire du bien à nos
ſemblables que nous pouvons nous approcher de
la divinité. S'approcher de la divinité, c'eſt s'approcher de la vérité, de la vertu ; c'eſt-à-dire de
l'ordre. Nul ouvrage ne plaît ſans ordre ; nul
ordre dans celui dont le cœur s'écarte de la nature.

Il s'enſuit de-là que celui qui veut donner à
ſes idées ce charme, cette grâce, cet ordre, cette
vérité, qui plaiſent dans tous les tems & dans
tous les lieux, doit régler ſon cœur & ſon eſprit,
doit former dans ſon ame l'enchaînement heureux
de toutes les vertus, doit être brûlé ſans ceſſe

du défir de remplir tous les devoirs que la nature lui impofe.

Les anciens ont fenti cette vérité. C'eft ainfi qu'Horace l'exprime dans les vers fuivans.

Scribendi recte fapere eft &, principium & fons.
Rem tibi Socraticæ poterunt oftendere chartæ:
Verbaque provifam rem non incerta fequentur.
Qui didicit patriæ quid debeat & quid amicis;
Quo fit amore parens, quo frater amandus & hofpes.
Quod fit confcripti, quod judicis officium. Quæ
Partes in bellum miffi ducis, ille profectò
Reddere perforæ fcit convenientia cuique.

Voici le fens de ces vers:

Le principe & la fource des bons ouvrages, c'eft la vertu. La philofophie de Socrate eft la fource où l'on peut puifer les principes de la vraie vertu. Quand le cœur en eft rempli, les mots la préfentent d'eux-mémes. Celui qui a étudié ce qu'il doit à fa patrie & à fes amis; celui qui fait comme on doit aimer un père, une mère, un frère; celui qui fait ce qu'il doit à tous fes femblables; celui qui a étudié les devoirs de féna-

teur, de juge, de militaire, faura donner à chaque perfonne le caractère qui lui convient.

L'amour de la vertu eft donc la véritable
fource des idées deftinées à plaire. Mais qu'eft-ce
que la vertu? Eft-ce cette baffeffe d'ame que les
tyrans & les prêtres ont inventée pour leur profit
& pour notre malheur? Eft-ce l'habitude de voir
froidement les crimes qui déchirent le genre humain; de préfenter la tête au joug; de baifer les
fers qui nous accablent; de tendre la joue gauche
à celui qui nous a frappé fur la droite? Non;
cette vertu ne fait que des lâches; & le cœur d'un
lâche ne produit que lâcheté & baffeffe. C'eft
dans la nature qu'il faut chercher la fource des
vraies vertus. Elle fait connoître à l'homme fes
droits, fon excellence, fon pouvoir; elle l'élève
au-deffus de l'athmofphère de menfonges qui l'environne; elle fait naître dans fon ame cet enthoufiafme délicieux qui fait fon bonheur au milieu des revers; cet enthoufiafme formé par la
jouiffance du vrai, qui enveloppe fon ame & la
rend impénétrable à l'erreur. C'eft la nature feule
qui peut lui montrer les vrais devoirs, les vrais

biens, les vraies beautés; elle feule lui apprend à féparer le vrai du faux, à fouler aux pieds les vaines opinions des impofteurs; elle feule lui préfente ces penfées mâles & hardies qui heurtent les menfonges du monde, qui préparent les révolutions, ou du moins qui confervent fur la terre quelques reftes de la dignité de l'homme.

Nous avons dit qu'il falloit préfenter fon cœur aux objets de la nature comme un miroir uni; mais les glaces n'ont pas toutes la même pureté; toutes ne rendent pas les objets avec la même clarté, avec le même coloris. Tous les cœurs ne font pas également fenfibles.

La fenfibilité eft cette qualité précieufe de l'ame qui fait qu'elle eft toujours difpofée à être vivement émue & touchée. Elle eft la fource de nos plaifirs & de nos peines; elle nous fait paffer rapidement des unes aux autres. Par elle nous fentons plus vivement les attraits de la vérité, de la vertu, la laideur du menfonge & du vice. Elle nous porte plus vivement vers l'objet que nous défirons; elle augmente le feu de nos paffions.

Mille impreſſions délicates affectent une ame ſenſible, qui échappent à une ame froide. Le conflit ſucceſſif des paſſions qui ſe choquent ou ſe mê- lent rapidement dans la première, forme mille combinaiſons variées, mille réſultats impercepti- bles, mille habitudes délicates qui influent pour ainſi dire à notre inſçu ſur toutes les autres opéra- tions de l'ame : de-là naît peut-être cette facilité de combiner agréablement les idées, que l'on nomme eſprit.

On ſent combien la ſenſibilité doit contribuer à la beauté de nos idées. Elle eſt comme le co- loris du tableau qui exiſte dans notre ame, & qui ſert de modèle à nos diſcours. Plus ce coloris ſera vif & brillant, plus nos diſcours le deviendront auſſi. Un homme qui ſent vivement, trouvera preſque toujours ſes expreſſions au-deſſous de ſon modèle; une ame froide ſera toujours contente de ſes expreſſions.

On a dit que cette ſenſibilité venoit de la na- ture. On a eu raiſon à certains égards. Si les organes ſont mal diſpoſés, ſi quelqu'obſtacle s'oppoſe à l'action libre de nos ſens, nos ſenſations feront plus foibles, l'ame eſt moins émue; & ces obſtacles augmentés à un certain point, cauſent ce qu'on appelle la ſtupidité.

Mais l'éducation peut auſſi contribuer beaucoup à donner cette ſenſibilité. C'eſt une diſpoſition qui augmente par l'habitude, & qui devient plus forte à proportion qu'elle eſt plus exercée. Il eſt même poſſible de faire naître mille occaſions de la développer. Montrez à un payſan un beau morceau de l'art, tel qu'un tableau magnifique, ou une ſtatue pleine d'expreſſion & de grâces; ces objets ne feront ſur lui qu'une impreſſion légère; il n'en ſentira point les beautés; il ne ſentira point naître à cette vue l'enthouſiaſme qu'éprouve un homme de goût à la vue des mêmes objets. Direz-vous que cet homme n'a point de ſenſibilité, que ſon ame ne ſauroit être émue ? Vous vous tromperiez. Suivez cet homme dans une égliſe; vous le verrez s'extaſier à la vue d'un morceau de bois informe & malpropre, auquel on a donné le nom d'un ſaint; il le fixera avec une tendreſſe mêlée de reſpect; il le

priera avec ardeur : fon attendriffement ira jufqu'aux larmes.

La raifon en eft fenfible : l'exemple & l'inftruc-
tion ont lié dans l'efprit de cet homme des idées
de bienfaifance & de puiffance à celle de ce bloc
informe ; & la fenfibilité de fon cœur s'eft développée à l'occafion de ce bloc.

Suppofez ce même payfan au fortir du berceau
entre les mains d'un homme habile qui l'accoutume à fentir la beauté des formes, l'élégance des
contours, les charmes de l'expreffion ; qu'il voye
tous les jours des hommes faifis d'admiration à la
vue d'un beau morceau de l'art, fa curiofité naîtra ; il examinera le chef-d'œuvre avec plus d'attention ; il faifira quelques beautés les unes après
les autres ; bientôt les idées de ces beautés réunies,
formeront dans fon ame une idée générale de
beauté, qui lui caufera une douce émotion toutes
les fois qu'il la rencontrera.

Il en eft de même des autres objets. Les
beautés phyfiques & morales de la nature ne forment pas fur une ame livrée à l'abrutiffement de

l'efclavage ou de la misère, une impreffion auffi vive que fur celle d'un homme inftruit & libre. Le payfan courbé fous le poids de fes befoins, ne voit fur la terre que le fillon qu'il trace; il ne fonge qu'à éviter la misère qui le pourfuit. Avec moins de befoins & d'efclavage, il auroit comme nous des jouiffances délicieufes à la vue de tout ce qui l'environne. La nature l'avoit fait fenfible: le malheur lui a endurci le cœur; & un cœur endurci eft fermé aux vrais plaifirs & aux vraies vertus.

Il en eft de même de ceux qui ont confacré tous les momens de leur vie aux fantômes des ri-cheffes, de la faveur ou de quelqu'autre objet étranger: tels font ces gens qui ne voient jamais que de l'or au bout de leur carrière, ou qui re-gardant comme le bonheur fuprême d'obtenir les regards d'un grand, n'ofent rifquer un pas fans fe demander en tremblant, s'il ne produira point un coup d'œil de dédain ou de difgrâce. Ces viles paffions affoibliffent dans l'homme l'amour du vrai & du beau: elles étouffent la vraie fenfibi-lité, produifent une fenfibilité factice & menfon-

gère qui arrache l'homme de la carrière des vrais
talens, & rétrécit toutes ses facultés.

Si vous voulez former des ames vraiment sen-
sibles, accoutumez les enfans à admirer les beautés
de la nature; faites - les sourire à la vue d'une
prairie émaillée de fleurs; que son regard traverse
avec délices une plaine pour aller se reposer sur les
larges touffes d'une forêt majestueuse. Inspirez-lui
des idées gaies lorsqu'il se promenera avec vous
par une belle matinée; peignez-lui quelqu'objet
triste, tendre ou douloureux lorsque vous vous en-
foncerez avec lui dans l'obscurité d'une vaste forêt;
montrez-lui quelquefois, si l'occasion s'en présente,
le spectacle d'une joie pure & innocente; montrez-
lui plus souvent encore celui du malheur; faites-
lui verser des larmes sur l'infortuné; tirez l'idée
de ses devoirs des scènes qui l'auront attendri,
afin de les faire passer dans son cœur par la voie
du plaisir; apprenez-lui à regarder ces devoirs
comme son unique but, comme un but dont rien
ne doit le détourner, pas même la mort. Que
votre tendresse fasse éclore ainsi dans son jeune cœur
le germe de la sensibilité. Faites-lui un besoin de

votre amour, de votre douceur, de vos bienfaits;
bientôt il s'en fera un de la reconnoiſſance. S'il
vous aime, il ſaiſira bientôt habilement les moin-
dres nuances de chagrin, de mécontentement, de
douleur, d'inquiétude, qui ſe ſuccéderont ſur
votre phyſionomie ou dans vos actions : vos émo-
tions paſſeront dans ſon ame; & cette ſenſibilité
acquérant toujours de nouvelles forces par l'exercice & l'habitude, ſe mettra d'accord avec les
autres facultés, & contribuera au ſyſtême de la
perfection de ſon ame.

CHAPITRE

CHAPITRE V.

De l'invention.

C'EST l'exercice convenable des facultés dont nous venons de parler qui peut nous fournir une foule de sujets, qui peut nous apprendre à en faire un juste choix; qui peut nous enseigner l'art d'arranger les idées que nous aurons choisies; en un mot qui peut nous enseigner l'invention, le choix & la méthode.

Ces trois parties de l'art de penser peuvent se réunir sous le nom d'invention.

C'est le plaisir & le bonheur des hommes qui doit nous faire chercher des sujets à traiter; c'est la nature qui doit nous les offrir.

Si nous avons devant les yeux un but que nous voulons atteindre, l'invention consiste à trouver les moyens qui peuvent nous y conduire. Si nous trouvons un objet qui nous paroisse propre à conduire à un certain but, l'invention consiste à déterminer ce but.

E

Suppofons que La Fontaine ait voulu rendre fenfible par une fable, l'injuftice des grands qui font violence aux petits : c'étoit fon but. Pour y parvenir, il s'agiffoit de trouver dans les animaux des acteurs qui repréfentaffent d'un côté la force, l'injuftice, la violence & l'arrogance des grands ; de l'autre la foibleffe, l'innocence, la timidité, le malheur des petits : & l'invention lui préfenta un loup qui enlève un agneau.

Suppofons au contraire que la première idée qui l'ait frappé, ait été un loup qui enlève un agneau, & qu'il ait fenti que cette action pouvoit le conduire à quelque but moral : l'invention lui auroit appris à trouver ce but, à le déterminer, & il auroit fenti qu'on pouvoit prouver par-là que la raifon eft bien foible contre les méchans qui ont la force en main ; en un mot que

La raifon du plus fort eft toujours la meilleure.

Deux buts généraux dans les beaux-arts : faire aimer le bien ; faire haïr le mal. Pour y parvenir, il faut plaire. Afin de trouver des fujets relatifs à ces deux buts, il faut connoître l'un & l'autre.

L'étude de la nature & de la société eſt donc abſo-
lument néceſſaire.

Quiconque ne s'accoutumera pas à conſidérer
attentivement chaque objet, à s'en faire une idée
claire, à chercher & à découvrir les liaiſons imperceptibles qui les uniſſent les uns avec les autres,
ſera toujours embarraſſé dans l'invention; il ne
verra ni le rapport, ni la proportion, ni l'importance de chaque idée; il ne ſaiſira que des idées
vagues; il s'égarera au lieu de parvenir à ſon but;
il n'y aura que trouble, déſordre, confuſion dans
ſes penſées & ſes diſcours.

Il en eſt de même de celui qui ne connoîtra
ni le monde, ni la ſociété. La ſituation des hommes, leur éducation, leurs opinions, leurs mœurs,
leurs relations, tout contribue à les rendre plus
ou moins propres à l'invention.

Celui que la fortune a careſſé dès le berceau, qui ne connoît ceux qui l'entourent que par
les flatteries qu'ils lui prodiguent, celui qui n'a
jamais été porté, bouleverſé ſur la mer inconſtante
du monde, ſe flatte en vain de connoître les
hommes. C'eſt ainſi que la jeuneſſe ſenſible & ſans

expérience, eft naturellement tendre & confiante.
Un jeune homme adore fa maîtreffe, parce qu'il
ne la foupçonne pas capable de lui faire une infidélité. Il confieroit fa fortune à un dévot, parce
que l'expérience ne lui a pas encore appris, que
la dévotion n'eft, le plus fouvent, qu'un mafque
qui cache les crimes. Il fe croit un chef-d'œuvre
fur la parole de fes flatteurs, parce qu'il ne fait
pas que les flatteurs ne font que des lâches, que
l'intérêt infpire.

Mais que la maîtreffe foit perfide, le dévot
larron, le flatteur démafqué, les yeux du jeune
homme feront deffilés ; & une fuite d'expériences
de cette efpèce, lui apprendront à juger plus fainement des chofes.

L'expérience nous apprend une infinité de
chofes, nous découvre une foule de rapports, de
liaifons imperceptibles ; & ces rapports, ces liaifons, deviennent une fource féconde de moyens,
inconnus à l'homme qui n'a rien éprouvé.

L'homme qui a végété toute fa vie fous le
joug de la fervitude civile & religieufe, eft bien
moins propre encore à s'élever à des fujets nobles

& intéreſſans. La raiſon de l'homme paroît s'être engourdie lorſque le ſceptre de la ſuperſtition & du deſpotiſme aſſerviſſoit la terre : elle ſe réveille depuis que des hommes hardis oſent ſaiſir ce ſceptre entre les mains des prêtres, & faire des efforts pour le rompre.

Quand je dis qu'il faut étudier le monde, je ne prétends pas inférer qu'il faille adopter ſes erreurs, ſes préjugés & ſes folies. Au contraire, il faut les étudier pour les fuir, & les détruire, pour en faire ſentir l'abſurdité & le ridicule. Quand nous rencontrons quelque choſe qui nous paroît nouveau ou contraire aux principes de la raiſon, ne l'adoptons pas parce qu'il eſt ; mais examinons s'il devroit être ; examinons s'il eſt tel qu'il devroit être, s'il ne pourroit pas être mieux. Il faut comparer ces fortes d'objets avec la nature : elle doit toujours être notre modèle : il faut les recevoir ou les rejetter ſelon qu'elle les approuve ou les condamne. C'eſt dans la nature que nous trouverons la vérité. Dès que nous l'avons trouvée, qu'elle ſoit ſans ceſſe préſente à nos yeux ! qu'elle nous ſerve de guide & de modèle ! que la faveur,

la paſſion, les richeſſes, ne nous empêchent pas
de la fixer avec conſtance! Sacrifions-lui tout,
même la liberté & la vie! Mettons-nous dans le cas
de pouvoir dire avec l'apôtre de l'humanité: (a)
" L'image auguſte de la vérité m'a toujours été
„ préſente. O vérité ſainte! c'eſt toi ſeule que
„ j'ai reſpectée. Si je trouve quelques lecteurs
„ dans les ſiècles à venir, je veux qu'en voyant
„ combien j'ai été dégagé des paſſions & des
„ préjugés, ils ignorent la contrée où j'ai pris
„ naiſſance, ſous quel gouvernement je vivois,
„ quelles fonctions j'exerçois dans mon pays,
„ quel culte je profeſſois ; je veux qu'ils me
„ trouvent tous leur concitoyen, leur ami. "
L'homme ſeul qui penſe ainſi peut trouver des
ſujets propres à le conduire à l'immortalité ; lui
ſeul peut les traiter dignement; lui ſeul peut ſou-
lever la maſſe énorme de préjugés & de men-
ſonges qui écraſent le genre humain.

Les paſſions contribuent beaucoup à la fertilité
de l'eſprit. Si vous vous paſſionnez pour un but,
pour un objet, ſi vous y ſongez ſans ceſſe, ſi

(a) Raynal.

vous y dirigez tous vos défirs, toutes vos penfées,
toutes vos actions, vous découvrirez à chaque
inftant une infinité d'objets, qui ont des liaifons
plus ou moins confidérables avec votre but, ou
votre objet.

Un amant eft tranfporté à la vue du portrait
de fa maîtreffe enrichi de brillans; un peintre
éprouve de la furprife & de l'admiration à la vue
du même portrait; un avare le regarde avec des
yeux avides. Tous trois ont faifi dans ce bijou le
côté qui a le plus de liaifon avec leur paffion do-
minante. L'amant y admire les traits de l'objet
qu'il aime; l'artifte, la beauté de l'ouvrage;
l'homme avide, la richeffe des diamans.

Il en eft de même de l'homme de lettres qui
veut écrire; s'il eft pénétré de fon fujet, s'il s'en
occupe uniquement, s'il en a pris une idée claire,
s'il a chaffé de fon efprit toutes les idées étrangères, il découvrira dans tous les objets des rapports qui lui fourniront de nouvelles idées; & ces
idées viendront fe ranger d'elles-mêmes autour
de fon fujet; il ne lui reftera plus qu'à en faire
un choix convenable.

Voilà pourquoi l'enthousiasme facilite l'inven‑
tion. L'enthousiasme est un état de chaleur & de
fermentation, qui résulte tout d'un coup d'une
foule de combinaisons, d'idées, de réflexions,
de raisonnemens, de rapports. La passion fait
mêler toutes ces choses dans notre ame, pour ainsi
dire à notre insçu; & après nous être remplis pen‑
dant quelque tems d'un objet d'une manière sou‑
vent pénible, après avoir éprouvé la stérilité, le
découragement & l'humeur, tout d'un coup nous
sommes frappés par un effet subit & violent, nos
raisonnemens disparoissent, le feu s'empare de
toutes les facultés de notre ame, nous sommes en‑
traînés, emportés hors de nous‑mêmes, & une
foule d'idées coulent comme un torrent dont on
a rompu les digues.

Nous ne sommes pas maîtres de ces instans; il
faut les attendre: mais l'attention, la réflexion,
la méditation sur un objet qu'on aime, y con‑
duisent presque toujours ceux à qui le ciel a donné
quelques talens.

Nous dépendons tellement du corps, que notre
tempérament, notre nourriture, les saisons influent

plus ou moins fur la faculté de trouver ou de comparer des idées. Les uns ne peuvent méditer avec
fuccès que debout; d'autres qu'en fe promenant;
quelques-uns au milieu de la campagne, dans
l'obfcurité de la nuit, ou le matin. Il en eft donc
[qui] ne produit rien, s'ils n'ont pris auparavant
quelque liqueur forte, comme du vin, du caffé,
des liqueurs. Defcartes a fait au lit les méditations
qui lui ont fait tant d'honneur; Voltaire prenoit
une grande quantité de caffé à l'eau, & man-
geoit peu quand il faifoit quelqu'ouvrage de
conféquence.

Il feroit à fouhaiter que les gens de lettres
nous donnaffent l'hiftoire de leurs méditations;
elles pourroient être utiles à ceux qui veulent le
devenir. Si j'ofois compter pour quelque chofe
les petits effais littéraires qui font fortis de ma
plume, ils me fourniroient à cet égard les obfervations fuivantes.

J'ai remarqué que la matinée étoit plus propre
à la réflexion; & que le foir l'étoit davantage à
la compofition Le matin, le fommeil a affoibli le
fentiment des idées étrangères; & fi nous nous

appliquons à réfléchir fur quelqu'objet, l'ame s'y prête plus volontiers & avec moins de diftractions que fi elle étoit déjà remplie & agitée. L'enthou-fiafme, le feu de la compofition, n'eft pas fi indé-pendant qu'on le croit ordinairement de notre vo-lonté & de nos réflexions; il dépend entière des idées que nous avons confidérées, comparées, arrangées : c'eft une fermentation de matières ar-tiftement combinées, dont la raifon doit avoir dirigé l'éruption.

J'ai remarqué que rien n'étoit plus propre à difpofer l'ame à la réflexion que de refter long-tems fans prendre de la nourriture. L'efpèce de foibleffe qui en réfulte, produit toujours en moi une douce mélancolie qui me préfente une foule d'idées relatives aux objets que j'étudie. Ce moyen me réuffit toujours mieux que le vin ou les autres liqueurs, qui ne font que mettre du trouble & de la confufion dans mes idées. Il m'a femblé que le feu que l'on fait naître de cette manière, eft un feu indéterminé, qui, s'allumant aux dépends de la réflexion, fert rarement à préfenter fous un jour favorable les idées dont nous nous occupons.

Le changement de lieu, la promenade, la converfation, la mufique, mettent quelquefois notre ame dans un état nouveau, lui donnent une vivacité qui produit en nous des idées qui nous frappent tout d'un coup comme des traits de lumière. Il faut être attentif à faifir ces idées; ce font des efpèces d'infpirations qui ont quelquefois les fuites plus heureufes.

Lorfqu'un fujet eft une fois trouvé, lorfqu'on a bien déterminé fon but, & qu'on connoît par conféquent la nature des moyens qui doivent y conduire, il eft aifé de faire un jufte choix parmi les moyens que l'invention nous préfente.

Il eft deux efpèces d'ouvrages: ceux de raifonnement, & ceux d'agrément. Dans les premiers, le choix confifte à prendre les moyens qui mènent au but de la manière la plus courte, la plus claire, la plus précife. Il faut quelque chofe de plus dans les ouvrages d'agrément. La nature offre au peintre de payfage une foule d'objets à imiter; mais elle les lui préfente pêle-mêle. Ces beautés font éparfes; c'eft à lui à les raffembler. L'art

confifte à faire de ces objets un jufte choix, qui
donne à l'imitation une efpèce de beauté que
n'a point le modèle. Lorfqu'une tempête fou-
lève les flots, on ne voit pas toujours la foudre tomber fur les vaiffeaux; des rochers efcar-
pés où les vagues & les vaiffeaux fe brifent;
des malheureux fe fauver à la nage fur des planches & des mâts; on ne voit pas toujours des
chaloupes remplies, errantes çà & là, & précipi-
tées de momens en momens dans les gouffres de
l'abîme : c'eft le peintre qui, par un choix raifonné, a raffemblé ces objets dans le tableau,
parce qu'il les a jugés propres à produire l'effet
général qu'il avoit en vue; parce qu'ils étoient
naturellement liés à ce but, & il a rejetté tout
ce qui s'en écartoit.

Il en eft de même dans les ouvrages d'efprit.
Les idées ont entr'elles des liaifons plus ou moins
grandes. L'art confifte à choifir celles qui fe lient
le plus naturellement, le plus agréablement au
but; qui donnent au fujet le plus de clarté, de
vérité, de vivacité, de coloris; & à rejetter celles
qui n'ont pas ces qualités. Chaque idée a un effet

particulier qui eſt plus ou moins beau, plus ou moins agréable. Cette beauté peut augmenter encore ſi l'on ſait y lier une ſeconde idée qui ait un rapport frappant avec elle, ſi on ſait en joindre une troiſième, une quatrième, ainſi de ſuite. Tous les effets particuliers de ces idées recevront un nouvel agrément de la manière ingénieuſe dont elles ſeront rapprochées & liées entr'elles. De tous ces effets particuliers, réſultera un effet général qui fait le charme de l'enſemble.

Cet effet ſuppoſe encore la méthode; c'eſt-à-dire l'art de diſpoſer les penſées de la manière la plus convenable & la plus propre à leur faire produire le meilleur & le plus bel effet poſſible. Dans les matières de raiſonnement, le meilleur effet poſſible, c'eſt la clarté. On y parviendra en commençant par les idées les plus faciles & en s'élevant inſenſiblement juſqu'aux plus compliquées, ſans omettre aucune idée intermédiaire. Dans les choſes d'agrément, il faut auſſi mettre un ordre dans ſes idées; mais l'art conſiſte à le cacher. Cet ordre doit être ſeulement ſenti: dès qu'il frappe, il refroidit.

Dans tout fujet que l'on traite, il s'agit de parvenir à un but que l'on a déterminé. La méthode doit donc faire fentir ce but; il doit nous occuper dès le commencement: il faut le montrer tel qu'on l'a conçu.

Chaque fujet offre des parties de différente nature; les unes principales & effentielles, & les autres acceffoires & furajoûtées. Les premières doivent toujours être placées de manière à être plus fenties que les fecondes; les fecondes doivent être placées de manière à faire mieux fentir les premières. Si les acceffoires furchargent le fujet principal au point de le faire difparoître ou de le rendre méconnoiffable, fi l'on perd de vue le but que l'on a fixé d'abord & que l'on erre indifféremment de côté & d'autre, l'ordre difparoîtra entièrement. Il faut qu'un ouvrage foit un & que toutes fes parties foient tellement proportionnées & fubordonnées entr'elles, qu'elles ayent toutes une fin particulière qui fe rapporte à la fin générale. L'unité d'action dans les ouvrages faits pour intéreffer, dit M. de Condillac, & l'unité d'objet dans les ouvrages faits pour inftruire, demandent également que toutes les parties foient entr'elles dans des proportions exactes, & que fubordonnées les unes avec les autres, elles fe rapportent toutes à une même fin. Par-là l'unité nous ramène au principe de la plus grande liaifon des idées: elle en dépend. En effet cette liaifon étant trouvée, le commencement, la fin & les parties intermédiaires font déterminées: tout ce qui altère les proportions eft éloigné; & on ne peut plus rien retrancher ni déplacer fans nuire à la lumière ou à l'agrément.

Pour découvrir cette liaifon, continue le même auteur, il faut fixer fon objet jufqu'à ce qu'on puiffe en déterminer les principales parties, & tout comprendre dans la divifion générale.

Cette divifion étant faite, on doit chercher l'ordre où les parties contribuent davantage à fe prêter mutuellement de la lumière & de l'agrément. Par-là tout fera dans la plus grande liaifon.

Enfuite chaque partie veut être confidérée en particulier, & fubdivifée autant de fois qu'elle renferme d'objets, qui peuvent faire chacun un petit tout. Rien ne doit entrer dans ces fubdivifions qui puiffe en altérer l'unité; & les parties ne connoiffent d'autre ordre que celui qui eft indiqué par la gradation la plus fenfible. Dans les ouvrages faits pour intéreffer, c'eft la gradation du fentiment; dans les autres, c'eft la gradation de lumière.

Mais fans nous arrêter à raifonner davantage fur ces règles, paffons à des exercices qui pourront les développer & nous apprendre quel ufage les grands hommes en ont fait en compofant leurs chef-d'œuvres. Suivons le fil qui lie les principales parties d'un bon ouvrage; recherchons la caufe du défordre qui règne dans les mauvais, & accoutumons-nous à fentir cette harmonie délicieufe, qui fait le charme de tous les ouvrages de l'art.

EXERCICES

EXERCICES
SUR
L'ART DE PENSER.

PREMIER EXERCICE.

Nous avons dit qu'il y avoit deux efpèces d'ouvrages : ceux de raifonnement, & ceux d'agré-ment. Les uns & les autres exigent un plan. Les idées doivent y être unies, enchaînées, propor-tionnées, & difpofées de manière à former un tout régulier dont on puiffe diftinguer aifément & fans confufion toutes les parties. Les ouvrages même ou l'auteur fe livrant à fon imagination, jette né-gligemment tout ce qu'elle lui préfente, ne font pas fans une efpèce de plan ; il y a toujours un fil imperceptible qui amène les idées, & qui les lie les unes aux autres. Chaque penfée détachée forme un tout, qui a fes parties & fa difpofition. Dans

F

un ouvrage purement raifonné, l'auteur fe pro-
pofe un but. Il veut vous y conduire de la manière
la plus claire, la plus précife. Il vous fait connoître
d'abord le point d'où il part; il vous montre enfuite
le but; il vous annonce qu'il va vous y conduire
infenfiblement de principes en conféquences. Sa
route eft tracée: elle forme une ligne droite du
point du départ au but; il ne doit point s'en
écarter. Tout ce qui l'en écarteroit feroit fu-
perflu. Tout chemin détourné, quelqu'agréable
qu'il pût être en lui-même, dégoûteroit le lecteur,
au lieu de l'amufer. Telle eft la manière dont on
traite toutes les fciences exactes. Des comparaifons grácieufes, quelques brillantes, quelques juftes
qu'elles puffent être d'ailleurs, feroient déplacées,
fans doute, dans une démonftration géométrique.

Quelques anciens, & M. Leffing, parmi les
modernes, ont prétendu que l'apologue, ou la
fable, devoit fuivre cette marche; que toutes les
fables, telles que celles d'Efope, devroient ne
préfenter qu'un fimple récit, auffi précis que poffible, & dénué de tout ornement. Sans nous arrêter
ici à difcuter cette queftion que nous traiterons

au long dans notre Cours de littérature, nous allons examiner le plan de différentes fables, & prendre une idée des deux efpèces de plans dont nous avons parlé.

Trois auteurs différens, *Efope*, *Phèdre* & *La Fontaine* ont enfeigné par une fable, que *dans les actions où l'on foupçonne quelque danger, le parti le plus fûr eft toujours le meilleur*. Voyons comme ils s'y font pris.

PLAN de la Fable d'Efope.

IL falloit d'abord choifir des acteurs, & des acteurs d'un caractère particulier, qui puffent fournir une action d'où l'on vît naître cette vérité morale.

Ces caractères devoient être tirés des parties principales de la vérité morale. Les parties principales de la vérité morale, font :

1°. Une action à faire.

2°. Un danger à craindre dans cette action.

3°. Un parti fûr à prendre.

La nature d'une action où il y a quelque danger à craindre, fuppofe dans les acteurs deux chofes effentielles : la force ou la rufe d'un côté; la foibleffe & le befoin de prévoyance de l'autre.

Puiſqu'il y a un parti à prendre pour éviter le danger, il faut néceſſairement que d'un côté la force ne ſuffiſe pas, & qu'on ait encore beſoin de la ruſe; il faut que de l'autre on ne ſoit pas expoſé ſans reſſource par ſa propre foibleſſe; mais que la prudence puiſſe échapper à la ruſe. Voilà les caractères des acteurs indiqués. Il ne s'agit plus que de les chercher dans la nature.

Parmi tous les genres d'animaux qui vivent dans les trois élémens, on voit ſans ceſſe des eſpèces plus fortes employer la force ou la ruſe pour s'emparer d'autres animaux plus foibles, & pour tromper leur vigilance. Les forêts, les mers, les rivières, les airs, nos champs, nos jardins, nos maiſons, nous offrent ſans ceſſe le ſpectacle de ces guerres continuelles. Dans lequel de ces endroits Eſope ira-t-il chercher les acteurs de ſa fable? Son but déterminera ſon choix. Il veut enſeigner une vérité morale, une vérité utile à toutes les claſſes d'hommes. Il choiſira des acteurs connus de tous les hommes; des acteurs qui agiſſent ſans ceſſe ſous les yeux de tous les hommes, dans l'intérieur de nos maiſons; il choiſira des animaux domeſtiques.

Le chien n'a point d'ennemis dans la maifon de fon maître. Il fe contente de garder & d'avertir; il ne s'empare d'aucun animal autour de nos foyers; il n'y emploie point la rufe. Ainfi, dès qu'Efope a décidé qu'il feroit paffer la fcène dans une maifon; le chien n'a pas le caractère qu'il cherche. Il en auroit peut-être été autrement, s'il eût choifi le lieu de la fcène dans les champs couverts de gibier, ou dans les forêts.

Le chat, deftiné à nous délivrer d'un ennemi agile & incommode, beaucoup plus foible que lui, mais beaucoup plus alerte, a befoin fans ceffe d'employer la rufe, pour cacher les pièges qu'il lui tend. Les fouris d'un autre côté, inftruites par l'experience des rufes de leur ennemi, font fans ceffe obligées d'être fur leurs gardes. Elles doivent fe trouver fans ceffe dans le cas d'être trompées : leur étourderie peut leur coûter la vie; leur prudence peut leur faire éviter le danger.

Voilà les acteurs qui conviennent à Efope : d'un côté force & rufe; de l'autre danger & prudence. Il peut imaginer entre ces acteurs une

action d'où naiſſe naturellement la vérité morale
qu'il a envie de faire goûter.

Mais quelle ſera la nature de cette action? Elle
ſera tirée du caractère des acteurs. Quelles en ſeront les circonſtances ? Elles naîtront de la nature de la moralité.

Le chat ſera ruſé; les ſouris ſeront prudentes:
l'action roulera ſur ces deux qualités.

Il s'agit de prouver que dans les actions où
l'on ſoupçonne quelque danger, le parti le plus
ſûr eſt toujours le meilleur. Il faudra donc expoſer
les ſouris à un danger caché ſous quelque ruſe; il
faudra le leur faire éviter par la prudence; il
faudra leur faire prendre le parti le plus ſûr.

S'il ſe trouve pluſieurs ſouris dans un endroit,
& qu'un chat les ſurprenne tout d'un coup, il
n'a pas beſoin de ruſes; il tombe deſſus & les cro-
que. Quel ſera donc le motif qui l'engagera à employer la ruſe ? Ce ſera l'expérience des ſouris,
qui, ayant vu le malheur d'un grand nombre de
leurs ſemblables, ſe tiennent cachées dans leurs trous.

Pour faire naître cette expérience, il faut ſuppoſer que le chat en a déjà fait périr un grand

nombre. Il faut donc commencer par indiquer ce carnage. La frayeur des fouris doit naître de cette circonftance : elles fe tiennent dans leurs trous. De cette prudence, naît dans la tête du chat, l'idée d'inventer quelques rufes pour les en faire fortir : il en invente une. La rufe fera conforme aux lieux qu'habitent ordinairement les fouris. C'eft dans un grenier, dans une cuifine, à une cheville fichée à la muraille. Il fera le mort; il fe tiendra par la patte à cette cheville, la tête en bas, comme s'il étoit pendu. Les fouris favent que le chat eft voleur: on peut l'avoir pendu dans cet endroit pour quelque vol. Dans un endroit différent la pendaifon n'auroit pas été fi vraifemblable. Ici tout confpire à les tromper. Les fouris le voient: le danger eft grand. Eft-il pendu? Feint-il feulement de l'être ? Quel parti prendront-elles ? Le plus fûr. Elles fe défieront d'un ennemi, même lorfqu'il paroît mort; & échappant ainfi au danger, feront fentir au lecteur, que le parti le plus fûr eft le meilleur. Voici comme Efope raconte cette fable.

FABLE D'ÉSOPE.

" UN chat ayant fû qu'une maifon du voifinage étoit infectée par des fouris, s'y tranfporta,
& dévora une grande partie de ces animaux. Les
fouris voyant diminuer leur nombre tous les jours,
dirent entr'elles : Ne defcendons plus, fi nous ne
voulons périr toutes; le feul moyen de nous garantir eft de refter ici, puifque le chat n'y peut
monter. Le chat les voyant obftinées à refter chez
elles, réfolut de les en faire fortir par artifice. Il
grimpa fur une cheville fichée à la muraille; il fe
pendit par la patte, comme s'il fût mort. Mais
une des fouris mettant la tête hors de fon trou,
& voyant le chat ainfi fufpendu, lui dit : Va,
va, quand tu ferois fac, je ne voudrois pas
approcher. "

Tout eft précis dans cette fable, nulle di-
greffion, nul ornement; les caractères des acteurs
font fenfés connus par la connoiffance qu'on a
de leur nature : ils ne font point développés. Les
circonftances naiffent naturellement les unes des
autres; & la fouris en difant au chat qu'elle n'eft

pas dupe de fa rufe, apprend en même tems au lecteur ce que l'auteur vouloit lui apprendre.

Une feule chofe pourroit fembler s'éloigner ici de la nature. Pourquoi fuppofer que le chat apprend qu'une maifon du voifinage eft pleine de fouris ? Eft-il naturel qu'un chat apprenne ce qui fe paffe dans la maifon voifine ? Eft-il naturel qu'il ait un libre accès dans cette maifon? Il peut entrer par les greniers, par les caves; cela eft vraifemblable ; mais ce degré de vraifemblance eft-il fuffifant ? N'auroit-il pas été plus naturel de fuppofer que le chat ayant détruit prefque toutes les fouris de la maifon de fon maître, avoit infpiré une telle frayeur aux autres, qu'elles n'ofoient fortir de leurs trous? Cette circonftance auroit rendu bien plus naturelle & la rufe du chat & la prudence de la fouris. Plus on connoît le danger, plus on eft fur fes gardes. Moins un voleur trouve de proie, plus il eft porté à inventer des rufes. Phèdre & La Fontaine, qui ont travaillé fur le même fujet, ont fenti ce défaut, & l'ont évité.

Plan de la Fable de Phèdre.

Le plan de la fable de Phèdre est un peu différent. Il ne se contente pas du récit simple &
précis; il croit devoir rendre l'action plus sensible
par des détails qui naissent du sujet. La voici:

FABLE DE PHÈDRE.

Mustela, cum annis & senectâ debilis,
Mures veloces non valeret assequi,
Involvit se farinâ, & obscuro loco
Abjecit negligenter: Mus escam putans,
Adsiluit, & compressus occubuit neci:
Alter similiter, deinde periit tertius.
Aliquot secutis, venit & retorridus,
Qui sæpe laqueos & muscipulas effugerat;
Proculque insidias cernens hostis callidi:
Sic valeas, inquit, ut farina es: quæ jaces.

TRADUCTION.

« Une belette affoiblie par la vieillesse & les
années, & ne pouvant plus attraper les souris
alertes, se couvrit de farine, & se coucha négligemment dans un endroit obscur. Une souris la
prenant pour de la pâture, sauta sur elle: elle fut
prise & croquée. Une seconde vint ensuite, puis

une troisième, & elles périrent de même. Quelques-unes éprouvèrent encore le même fort. Enfin
il en vint une vieille & ridée, qui avoit souvent
échappé aux pièges & aux souricières. Elle apper-
çut de loin le piège de sa malicieuse ennemie, &
lui dit: Farine ou non, je n'approcherai pas."

Ésope avoit fait naître la ruse de la frayeur
que le chat avoit inspirée aux souris; Phèdre la
fait naître de la vieillesse & de la foiblesse de la
belette. J'aime mieux la première cause: elle est
tirée du caractère des deux acteurs. Une belette
vieille & foible, ne rend pas le danger si grand,
qu'un chat, qui s'est rendu pendant longtems la
terreur de tout le peuple souris. L'action n'est pas
si intéressante, si vive. On est accoutumé à mé-
priser cette vieille ennemie, qui ne peut plus
courir : on peut approcher avec confiance jusqu'à
une certaine distance, pour examiner la ruse; &
au moindre mouvement, on aura encore le tems de
se sauver. Nous verrons tout-à-l'heure comme
La Fontaine a évité ce défaut,

Ésope s'est contenté de nommer les acteurs :
point d'épithète qui peigne leur caractère; point

de trait qui faſſe ſentir les ſituations. Phèdre ajoute
des couleurs à l'expoſition ſimple du fabuliſte grec.
C'eſt une bellette affoiblie par la vieilleſſe & les
années (*annis & ſenecta debilis*); c'eſt à des ſouris
alertes (*veloces*) qu'elle a affaire; c'eſt dans un
endroit obſcur qu'elle ſe couche négligemment,
(*obſcuro loco abjecit negligenter*) afin de mieux
cacher la ruſe, & de mieux tromper l'œil attentif
des ſouris. Quelques ſouris ſont priſes à ce piège.
Elles devoient l'être, ne s'attendant point à cette
ruſe de la vieille ennemie, qui n'inſpiroit plus de
terreur. Il n'y avoit qu'une ſouris vieille & ridée,
accoutumée à toutes les ruſes des chats, des ſou-
ricières & des belettes qui pût ſoupçonner la ruſe,
& l'éviter.

Nous avons vu Eſope former un plan ſimple,
& ſe borner à préſenter les idées nues, telles
qu'elles ſe ſuivent naturellement; nous venons de
voir Phèdre caractériſer les idées principales par
des idées acceſſoires, qui les rendent plus ſail-
lantes; nous allons voir maintenant La Fontaine
étendre ces deux plans, & chercher dans ſon génie,
toutes les circonſtances qui peuvent donner de la

gaîté, de la variété au fujet, marquer davantage
les caractères, jetter des grâces fur tout le récit,
& nous conduire, en fouriant, au même but où
Efope nous a conduit d'une manière férieufe &
auftère. La fable d'Efope eft une efquiffe; celle de
Phèdre un deffein; celle de La Fontaine un tableau.

FABLE DE LA FONTAINE.

J'ai lu chez un conteur de fables,
Qu'un fecond Rodilard, l'Alexandre des chats,
L'Atilla, le fléau des rats,
Rendoit ces derniers miférables:
J'ai lu, dis-je, en certain auteur,
Que ce chat exterminateur,
Vrai Cerbère, étoit craint une lieue à la ronde:
Il vouloit de fouris dépeupler tout le monde.
Les planches qu'on fufpend fur un léger appui,
La mort aux rats, les fouricières,
N'étoient que jeux auprès de lui.
Comme il voit que dans leurs tanières,
Les fouris étoient prifonnières,
Qu'elles n'ofoient fortir, qu'il avoit beau chercher;
Le galant fait le mort, & du haut d'un plancher
Se pend la tête en bas. La bête fcélérate
A de certains cordons fe tenoit par la patte.

Le peuple des souris croit que c'est châtiment,
Qu'il a fait un larcin de rôt ou de fromage,
Egratigné quelqu'un, causé quelque dommage;
Enfin qu'on a pendu le mauvais garnement:
        Toutes, dis-je, unanimement
Se promettent de rire à son enterrement;
Mettent le nez à l'air, montrent un peu la tête;
        Puis rentrent dans leurs nids à rats;
        Puis ressortant, font quatre pas;
        Puis enfin se mettent en quête.
        Mais voici bien une autre fête :
Le pendu ressuscite, & sur ses pieds tombant,
        Attrape les plus paresseuses.
Nous en savons plus d'un, dit-il, en les gobant;
C'est tour de vieille guerre; & vos cavernes creuses
Ne vous sauveront pas, je vous en avertis;
        Vous viendrez toutes au logis.
Il prophétisoit vrai. Notre maître Mitis,
Pour la seconde fois, les trompe & les affine;
        Blanchit sa robe, & s'enfarine,
        Et de la sorte déguisé,
Se niche & se blottit dans une huche ouverte:
        Ce fut à lui bien avisé.
La gent trotte-menu s'en vient chercher sa perte.
Un rat sans plus, s'abstient d'aller flairer autour.
C'étoit un vieux routier: il savoit plus d'un tour;

Même il avoit perdu fa queue à la bataile :
Ce bloc enfariné ne me dit rien qui vaille,
S'écria-t-il de loin au général des chats :
Je foupçonne deffous encor quelque machine
      Rien ne te fert d'être farine ;
Car quand tu ferois fac, je n'approcherois pas.

  C'étoit bien dit à lui ; j'approuve fa prudence ;
      Il étoit expérimenté,
     Et favoit que la méfiance
     Eft mère de la fûreté.

Nous avons dit que plus le chat infpirera de terreur aux fouris, plus elles fe tiendront renfermées dans leurs trous, plus la rufe deviendra néceffaire pour les furprendre. La Fontaine raffemble toutes les idées qui peuvent faire de ce chat, le plus terrible de tous les chats, & il fait reffortir ces idées par des allufions plaifantes & gracieufes. C'eft *l'Alexandre des chats ; l'Atilla, le fléau des rats ;* c'eft un *chat exterminateur ; un vrai Cerbère, craint à une lieue à la ronde ; un chat qui vouloit dépeupler de fouris l'univers entier ; un chat plus terrible pour les fouris & les rats, que toutes les fouricières.* Quelle terreur ne devoit pas infpirer, parmi le peuple fouris, la rénommée de ce nouvel Alexandre ? Ne doivent-elles pas trembler au moindre bruit ? Ne doivent-elles pas refter dans leurs trous, plutôt que de s'expofer à la griffe & à la dent de ce fier deftructeur ? Et fi elles y reftent, on s'attend bien que ce *grand homme de chat* ne reftera pas fans expédient & fans rufe. La rufe naît donc naturellement de fon caractère & des circonftances. Il *fe tient par la patte à des cordons, fe pend la tête en bas, & fait le mort.* C'eft un tour nouveau. Les fouris ne s'y attendent pas. Jufqu'ici elles avoient plutôt été les victimes de fon adreffe & de fa force, que de fes rufes & de fes fineffes. L'expérience ne fauroit encore leur donner de la prudence. Si elles découvroient tout d'un coup la rufe, cette découverte feroit tort à l'habileté du héros, on perdroit quelque chofe de la grande idée que l'on a conçue de lui; les cir- conftances ne naîtroient pas les unes des autres; elles ne feroient pas filées. Les fouris font trom- pées; elles croyent qu'on a pendu leur ennemi, pour le punir de quelque larcin. Leur opinion eft fondée; elle fait naître la confiance : voilà pour-

quoi

quoi elles *se promettent de rire à son enterrement*.
Mais perdront-elles tout d'un coup leur ancienne
crainte? sortiront-elles brusquement de leurs trous
comme celles de Phèdre (*assiluit*)? Une confiance
si subite ne seroit pas dans le caractère de ces
animaux, accoutumés depuis si longtems à ne
sortir qu'en tremblant; ou pour mieux dire, en-
fermés depuis si longtems dans leurs tanières sans
oser voir le jour. Quoique leur cœur nage dans la
joie, la lumière doit leur inspirer une terreur ma-
chinale. En sortant de leurs trous, elles se voient
dépourvues de toute défense; l'idée de sécurité
qui les tranquillisoit dans leurs tanières, doit les
abandonner; & le passage rapide de la plus grande
crainte à la plus grande confiance, ne seroit pas
dans la nature : c'est par degrés qu'elles doivent
passer de l'une à l'autre. Et c'est ce qui a fait
chercher à La Fontaine les détails charmans expri-
més dans ces vers :

Mettent le nez à l'air, montrent un peu la tête,
   Puis rentrent dans leurs nids à rats ;
   Puis ressortant, font quatre pas ;
   Puis enfin se mettent en quête.

G

Les souris imprudentes seront dupes de leur confiance. Le pendu reffufcite, & attrape les plus pareffeufes. Après ce tour, les souris ne feront plus fi faciles à attraper. L'expérience leur a donné une bonne leçon; la prudence doit naître. Le Général des chats peut faire encore quelque tour de fon métier; mais il fe trouvera quelque *vieux routier* qui foupçonnera la rufe; & qui, en évitant le piège, fera fentir la moralité; & cette moralité devient plus intéreffante par le malheur. des souris qui ont été les victimes de leur imprudence. Il eft impoffible de faire un choix plus vrai, plus délicat, de mieux lier les idées, de les faire naître plus naturellement les unes des autres; de les nuancer avec plus de goût & d'élégance: il eft impoffible de conduire plus agréablement le lecteur au but qu'on s'étoit propofé.

SECOND EXERCICE.

Nous venons de voir par l'analyfe de trois bonnes fables, la manière dont les idées fe lient & fe prêtent mutuellement de la lumière, dans l'efprit d'un écrivain qui s'eft fait une habitude d'étudier la nature & de réfléchir avant que d'écrire. Etudions maintenant le défordre qui règne dans un mauvais ouvrage, & tâchons d'en découvrir la caufe.

LE CHEVAL ET L'ANE.

FABLE.

Certain noble courfier d'Efpagne ou d'Arabie,
    Fut placé dans une écurie
Qu'habitoit un baudet, infortuné grifon,
Qui dans de vils emplois paffoit fa trifte vie.
    Rebut des gens de la maifon,
Sur fon dos trop fouvent rouloit martin-bâton:
Encor s'il avoit pu choifir fa nourriture,
Se repaître à fon gré de choux & de chardon;
Mais on ne lui donnoit qu'un peu d'herbe & de fon:

Il travailloit beaucoup & couchoit fur la dure;
Et pourtant le modefte & docile animal
      Sans gémir enduroit fon mal:
Il ne fe permettoit ni plainte ni murmure.
Cependant le courfier, chéri pour fa beauté,
      Vivoit comme un enfant gâté.
Bien panfé, bien nourri, chacun lui faifoit fête;
Auffi rien n'égaloit fa folle vanité:
La douceur de fon fon fort lui fit tourner la tête.
Comme il fe rengorgeoit! portoit le nez au vent!
      Admiroit fon poil & fa taillle!
De fa haute noblesse il fe vantoit fouvent,
      Et traitoit fon voifin de chétive canaille.
Mais l'ennemi s'avance, on fonge à déloger;
Pour fe mettre à l'abri du meurtre & du pillage,
      Comme l'on peut, en ce preffant danger,
      On plie au plus vîte bagage:
On charge des effets les meilleurs du ménage
      Le baudet & fon compagnon.
      Le faix eft lourd; mais le grifon
Au travail endurci ne s'en étonne guère:
      Il trouve la charge légère,
Et gaîment fait au loin retentir fa chanfon;
Tandis que notre fat à fuperbe crinière;
      Dont le dos ne porta jamais
Que fon maître, fon fils, ou l'un de leurs valets,

Gémit & se soutient à peine :

Il fait vingt pas & perd haleine.

Bientôt n'en pouvant plus, halétant, tout en eau,

Il succombe sous son fardeau.

Voilà le fier coursier par terre ;

Il soupire, il maudit la guerre,

Qui vient de son bonheur interrompre le cours.

Il faut appeller du secours.

Arrive un passant, on l'arrête ;

On décharge la pauvre bête,

Qui perd en un moment la moitié de son prix :

Il n'est plus regardé que d'un œil de mépris.

On le néglige, il fait moins bonne chère ;

Et qui s'en trouve bien ? c'est l'âne débonnaire.

Sur son mérite enfin, son maître ouvre les yeux :

Il ordonne à ses gens qu'on le nourrisse mieux,

Et qu'il passe les nuits sur de bonne litière.

Le destin du grison & sa propre misère,

Du cheval orgueilleux rabaissent la fierté :

« Quel changement, dit-il, & quel regret m'agite !

„ Je connois mon erreur, & noblesse & beauté

„ Sont de frivoles biens dont je fus trop flatté.

Etre utile est le vrai mérite :

Mais n'en tirons point vanité.

G iij

Dans les fables précédentes, nous avons vu paroître dès le commencement l'acteur principal, le héros de la pièce; & il y a paru caractérifé de la manière qu'il doit l'être dans tout le refte de la pièce.

Un *chat ayant fu* qu'une maifon du voifinage étoit infectée par des fouris, *s'y tranfporta, & dévora* &c....

Une *belette* affoiblie par la vieilleffe & les années, *ne pouvant plus* attrapper les fouris, *fe couvrit.......fe coucha...... &c.*

Un fecond Rodillard; l'Alexandre des chats; *le fléau* des rats; *chat exterminateur, vouloit* dépeupler le monde de fouris. On ne quitte point le héros qu'on ne l'ait fait connoître; on ne commence pas à ébaucher fon portrait, pour l'abandonner enfuite, décrire un autre acteur, & revenir après cela au premier.

C'eft ce qu'on voit dans la fable du cheval & de l'âne. On nous préfente un courfier d'Arabie ou d'Efpagne; nous avons lieu de croire que c'eft l'acteur principal de la fable, & qu'on va le caractérifer de manière à ne pas nous laiffer des

idées vagues. Point du tout. Après nous l'avoir
nommé, on paſſe à la deſcription d'un baudet,
qui devoit être lui-même l'acteur principal, & que
l'on nous peint par une tirade de onze vers.
L'eſprit occupé du baudet, a preſque oublié le
cheval, dont on ne lui a dit qu'un mot, lorſqu'on
le tire bruſquement & déſagréablement de ſon
attention, pour le ramener au cheval; de ſorte
que rejetté ſucceſſivement de l'un à l'autre, il ne
ſait ſur quoi ſe fixer.

Cependant le courſier chéri pour ſa beauté, &c.

La peinture du cheval interrompue & repriſe,
prouve que l'auteur ne s'étoit pas formé une idée
de ſes acteurs; qu'il n'avoit pas ordonné ſes idées
dans l'ordre le plus naturel & le plus convenable.
Cette manière reſſemble à celle d'un peintre qui,
voulant repréſenter une figure, placeroit la tête
dans un coin du tableau & le tronc dans un autre.

Voilà donc deux acteurs : un cheval noble,
bien nourri, chéri de tout le monde & imperti-
nent, & un pauvre baudet rebuté de tout le
monde, qui paſſe ſa vie dans de vils emplois.

G iv

L'ennemi s'avance: on songe à déloger. Cet évènement amené tout d'un coup, est tiré d'un peu loin, & n'est point préparé. Nous ne savons point que le cheval & l'âne demeurent dans un pays de guerre. Nous sommes étonnés de voir l'ennemi s'avancer si subitement. Cette circonstance n'est pas liée avec ce qui précède; elle est mal choisie. Ce n'est pas une chose si ordinaire que de voir l'ennemi s'avancer. La chose mériteroit bien d'être préparée.

L'ennemi s'avance donc: on plie bagage au plus vîte; & on charge des meilleurs effets le baudet & son compagnon. Le faix est lourd: le grison endurci au travail, le supporte gaîment; & fait gaîment au loin retentir sa chanson; tandis que le fat à superbe crinière, qui ne porta jamais que son maître, son fils, ou l'un de ses valets, gémit, se soutient à peine, & tombe accablé sous le faix.

Tous ces détails sont hors de la nature. Un beau cheval accoutumé à porter son maître, son fils, ou leur valet, peut bien porter des *effets de ménage*, & en porter autant que le baudet

ſans périr de fatigue. D'ailleurs, puiſque l'on vouloit *ſe mettre à l'abri du meurtre & du pillage*, il
étoit tout naturel que le maître ou ſon fils mon-
taſſent ſur le beau courſier, & qu'ils ſe ſauvaſſent.
Le cheval alors auroit été à ſa place, & beaucoup plus utile que l'âne ; puiſqu'il auroit ſauvé ſon
maître même. C'eſt ſurtout le défaut de naturel de
toutes ces circonſtances, le défaut de liaiſon qui
fait qu'on lit cette fable ſans le moindre intérêt.

Le cheval tombé, il faut appeller du ſecours.
Pourquoi ? Les gens qui l'avoient chargé pouvoient fort bien le décharger. Une famille entière qui fuit avec ce qu'elle a de plus précieux,
ſuit ſes effets, & n'a pas beſoin de crier au ſecours
pour relever un beau courſier accablé ſous le poids
d'un fardeau. Il falloit alléger un peu ſa charge.

Arrive un paſſant ; on l'arrête ;

Idée fauſſe & déplacée. On n'arrête point un
paſſant pour lui demander du ſecours ; on l'appelle, on le prie d'aider.

On décharge la pauvre bête,
Qui perd en un moment la moitié de ſon prix.

Si le cheval perd la moitié de fon prix, ce n'eſt pas ſa faute; il faut s'en prendre à la bétiſe de fon maître qui l'a fait ſervir à une choſe pour laquelle il n'étoit pas né. D'ailleurs je ne vois pas pourquoi il perdroit la moitié de fon prix. S'il eſt fatigué, il faut le laiſſer repoſer, il fe remettra. Et s'il peut encore porter noblement fon maître ou fon fils, il leur fera plus utile que l'âne, & pourra les ſauver plus vîte ſi l'ennemi approche.

Enfin le maître mépriſe ce pauvre cheval, parce qu'après l'avoir porté noblement lui & fon fils pendant pluſieurs années, il ne peut pas, dans une feule circonſtance, porter quelques *effets*. Il le néglige, lui fait faire moins bonne chère; & il ordonne au contraire que l'âne foit bien foigné, parce qu'il a ouvert les yeux fur fon mérite.

Que tout cela eſt mal imaginé! comme tout eſt jetté pêle-mêle, fans choix, fans fuite! Un maître qui reconnoît le mérite d'un âne, parce qu'il a porté une groſſe charge de meubles à l'approche de l'ennemi; & qui mépriſe fon cheval, parce qu'il n'a pu en faire autant, croit, fans doute, qu'il aura tous les jours befoin de fauver fes meubles, & qu'il n'aura jamais befoin de fe fauver lui-même.

Je connois mon erreur,

Ce cheval-là eft un fot; c'eft plutôt l'erreur de fon maître qu'il auroit dû connoître. Quelle eft la moralité qui naît naturellement de cette fable ? La voici : *Pour être bien fervi, il ne faut pas faire faire aux ânes la befogne des chevaux, ni aux chevaux la befogne des ânes.* L'auteur en adopte une autre, ou plutôt deux, ou même trois, qui femblent collées à la fable.

Et nobleffe & beauté
1) Sont de frivoles biens dont je fus trop flatté.

2) Etre utile eft le vrai mérite;
3) Mais n'en tirons point vanité.

D'après la fable, être utile fignifie ici : *paffer fa vie dans de vils emplois, & porter gaîment les effets du ménage quand l'ennemi vient.* Etre inutile, c'eft être beau, noble, alerte, & pouvoir porter fon maître, fon fils & fon valet, & les emporter loin du danger en cas de befoin.

La dernière idée, *mais n'en tirons point va-nité*, eft tout-à-fait étrangère à la fable : il n'y eft point queftion de tirer vanité de fon utilité. L'âne, le feul acteur qui y foit repréfenté comme utile, loin de tirer vanité de fes fervices, eft au contraire *modefte & docile*; *il endure fon mal fans gémir.*

Après avoir examiné les principaux défauts de cette fable par rapport aux penfées, voyons comme on auroit pu en former le plan.

Il s'agit de montrer que *le vrai mérite eft d'être utile.* Pour faire une fable d'où l'on pût voir naître naturellement cette vérité ; il faudroit mettre en oppofition deux acteurs, dont l'un pafferoit pour avoir beaucoup de mérite, & feroit fort eftimé, quoiqu'en effet il ne fût bon à rien. Ce ne feroit pas le cheval qu'il faudroit choifir pour cela : il eft eftimé, & mérite de l'être. Ce feroit quelques-uns de ces animaux dont tout le prix confifte dans la fantaifie de ceux qui les aiment. Un finge, par exemple, qui n'a d'autre mérite que de vaines gambades, & qui nuit plus qu'il n'eft utile; un perroquet qui auroit été vain de la beauté de fon plumage & de fon caquet dépourvu de raifon & de fens.

L'autre perfonnage devoit être un animal utile, mais rebuté, méconnu, méprifé, malgré tout fon mérite; & l'âne étoit bien choifi. Suppofons donc que les deux acteurs de la fable doivent être un âne & un finge. Ce n'eft pas le finge qu'il faudra peindre le premier; ce fera l'âne: c'eft l'acteur principal; c'eft le héros; c'eft fur lui que doit tomber la compaffion; c'eft de fon caractère que doit naître la moralité. L'autre acteur n'eft là que pour faire contrafte, que pour faire fentir le vrai mérite du premier: il lui eft fubordonné; il ne paroîtra qu'après.

Quand on aura commencé la peinture de l'âne, il faudra l'achever, & ne pas la quitter pour faire celle du finge, puis revenir enfuite à celle de l'âne.

Il faudra enfuite faire naître quelque circonftance qui faffe fentir l'utilité de l'âne & l'inutilité du finge. Mais fi cette circonftance n'eft pas ordi-

naire, fi elle n'eft pas tirée des mœurs de ces
animaux, il faudra du moins la préparer & l'amener infenfiblement; fi elle eft naturelle, la moralité en fortira d'elle-même.

Nous rapporterons ici une fable de la Motte, dont
le fujet a beaucoup de rapport avec la précédente.

L'A N E.

FABLE.

Sous quelle étoile fuis-je né!
Difoit certain baudet couché dans une étable;
Que de bon cœur je donne au Diable
Le maître ingrat que le Ciel m'a donné!
Combien lui rends-je de fervices?
Et combien m'en faut-il effuyer d'injuftices?
Debout longtems avant le jour,
Il faut marcher, porter les herbes à la ville,
Courir de porte en porte, & puis à mon retour
Rapporter le fumier qui rend fon champ fertile;
Aller chercher au bois ma charge de fagot;
Toujours fur pied, toujours le trot.
Vient-il un dimanche, une fête?
Je le porte à la foire, en croupe fa Margot,
Et puis en deux paniers Jacqueline & Pierrot.
Son maudit finge encor fe campe fur ma tête,

Si je m'écarte un peu pour un brin de chardon,
    Soudain marche martin - bâton.
Tandis que fon Bertrand, fon baladin de finge,
    Franc fainéant, maître étourdi,
Sautant, montrant le cul, gâtant habit & linge,
Vit fans foins, mange à table, eft fur tout applaudi.
Pefte du mauvais maître, & que Dieu le confonde!
Ami, lui dit un bœuf de cervelle profonde,
Le maître à qui le fort a voulu t'affervir,
N'eft pas pire qu'un autre. Apprends qu'en ce bas-monde,
    Il vaut mieux plaire que fervir.

Le baudet eft peint ici comme acteur principal. Il y expofe lui-même fes travaux & l'ingra-
titude de fon maître; enfuite vient le portrait du
finge, qui ne fait que du mal, & qui eft pourtant
le favori de fon maître. L'âne fe plaint; il eft
dans fon étable. Il eft naturel qu'un bœuf, qui
eft à côté de lui, l'entende, & qu'il tire la moralité de ce qu'il vient de dire.

    Apprends qu'en ce bas-monde
Il vaut mieux plaire que fervir.

TROISIÈME EXERCICE.

Les principes qui dirigent un auteur dans l'économie d'une fable, le dirigeront aussi dans le plan & la disposition d'une pastorale, d'une ode, d'un roman, d'une tragédie. Par-tout il cherchera des sujets vraisemblables, il inventera des circonstances qui naîtront naturellement les unes des autres, par-tout il suivra pas à pas la nature qui lui indiquera les nuances, les gradations, la génération, la liaison des idées. Suivons Racine dans son Iphigénie, & tâchons de découvrir les motifs qui l'ont dirigé dans l'invention & la disposition de son sujet.

PLAN D'IPHIGÉNIE.

Les Grecs assemblés en Aulide pour aller à Troye venger l'enlèvement d'Hélène, attendent en vain des vents favorables, que les dieux leur refusent. Agamemnon roi de Micènes, chef de
l'armée,

l'armée, a confulté les dieux. Ils ont répondu : qu'on ne pourroit obtenir des vents favorables, qu'en facrifiant à Diane Iphigénie, fille du fang d'Hélène. Iphigénie eft fille d'Agamemnon. Ulyffe un des rois Grecs, fait promettre à ce prince qu'il livrera fa fille. Agamemnon écrit à Clytemneftre fon époufe, d'amener fa fille au camp, fous prétexte de lui faire époufer Achille. Agamemnon fe répent bientôt de fa promeffe, & envoie au devant de la reine, pour lui dire de s'en retourner, parce qu'Achille a changé de penfée. Les princeffes s'égarent en chemin, & ne rencontrent point le meffager. Elles arrivent au camp avec Eriphile, jeune captive d'Achille, qui aime en fecret fon vainqueur. Ulyffe preffe le facrifice. Agamemnon y confent. On prépare l'autel. Clytemneftre, Iphigénie & Achille croient que c'eft pour l'hymen. Le meffager, à qui Agamemnon a confié fon fecret, le révèle. Clytemneftre frémit; Iphigénie prend la réfolution d'obéir à fon père; Achille jure de la fauver & de la venger. Agamemnon voit la fureur de fon époufe & les pleurs de fa fille. Achille le brave, lui reproche d'avoir abufé de fon nom : il jure qu'il défendra la vie d'Iphigénie aux dépends de la sienne. La colère & les menaces d'Achille déterminent le père: il ordonne la mort de sa fille. Bientôt la tendresse paternelle l'emporte encore : il veut faire fuir Iphigénie. La jalouse Eriphile va révéler aux Grecs le secret de cette fuite. Le camp s'y oppose. Iphigénie est menée à l'autel. Achille, à la tête de ses amis, se prépare à s'opposer à toute l'armée. Mais le prêtre Calchas explique le sens de l'oracle. Cette Eriphile, dont on ignoroit la naissance, est fille d'Hélène & de Théfée; son vrai nom est Iphigénie. C'est elle dont les dieux demandent la mort. Elle périt sur l'autel; & la fille d'Agamemnon est sauvée.

Le sujet d'Iphigénie (a) est un père qui fait périr sa fille. Ce sujet par lui-même n'est point intéressant. Si le père fait périr sa fille sans un

(a) Nous supposons ici que Racine n'a point tiré son sujet des anciens. Nous raisonnons comme s'il l'inventoit & le disposoit lui-même. Nous n'examinons point ici cette pièce relativement aux règles de la tragédie; nous voulons seulement suivre la liaison & la distribution des idées.

puiſſant motif; ſi ce motif n'eſt point combattu par la tendreſſe paternelle, c'eſt un monſtre, qui n'inſpire que de l'horreur. Mais ſi ce père, aimant tendrement ſa fille, eſt un roi dévoré par l'ambition; s'il eſt à la tête de tous les rois d'une contrée; s'il les conduit à une expédition dont ils ſe promettent la plus grande gloire; ſi le ſuccès de cette expédition dépend de la mort de ſa fille; ſi cette mort eſt demandée par les dieux, ſi les prêtres, les chefs, l'armée exigent de ce père qu'il livre ſa fille au couteau du prêtre; ce père infortuné eſt dans une ſituation propre à inſpirer la terreur & la pitié, c'eſt-à-dire dans une ſituation vraiment tragique.

Le caractère d'Agamemnon, père d'Iphigénie, ſera donc la baſe de tous les détails de la pièce, c'eſt là le caractère principal, tous les autres lui feront ſubordonnés, & ſerviront à le faire reſſortir.

Si Agamemnon n'eſt qu'ambitieux & cruel; l'action ne ſauroit être ſuſpendue; Iphigénie périra ſans couter une larme à ce guerrier féroce. Mais pour contrebalancer ſon ambition, le poëte met dans ſon cœur la tendreſſe paternelle. Le combat

de ces deux paffions rend fon caractère plus intéreffant, fa fituation plus pénible.

Le caractère d'Agamemnon une fois déterminé,
quel fera celui d'Iphigénie? Il fera tel qu'il doit
être pour rendre la fituation du père plus déchirante.
Iphigénie méritera toute la tendreffe que fon père
a pour elle. Elle *fera jeune*, aura mille *vertus*.
Elle aimera fon père auffi tendrement qu'elle en
eft aimée. La bonté, l'ingénuité, la douceur, la
piété filiale, le refpect & la foumiffion formeront
les principaux traits de fon caractère. Elle fe fou-
mettra aux volontés de fon père, elle fe dévouera
elle - même à la mort.

Si Iphigénie a une mère, le caractère de cette
mère doit contribuer auffi au but général, à rendre
la fituation plus tragique, plus intéreffante. Un
caractère de foumiffion & de douceur dans une
mère qui apprend que l'on va facrifier fa fille,
feroit contraire à la nature. Une mère, dans une
telle circonftance, doit ou tomber dans les convul-
fions du défefpoir, ou dans l'abattement de la douleur, ou fe livrer aux fureurs de l'emportement.
Racine a choifi ce dernier caractère; il fait con-

trafte avec celui de fa fille; remue à chaque inftant la tendreffe d'Agamemnon, il déchire fon cœur, il rend fa fituation plus embaraffante; il augmentera fes craintes, fes frayeurs & fes précautions. Agamemnon dira à fon confident:

D'une mère en fureur épargne - moi les cris.

Si Agamemnon a tant de tendreffe pour fa fille, fi cette fille mérite fa tendreffe, s'il redoute les cris d'une mère en fureur; s'il eft maître d'accorder fa fille ou de la refufer, pourquoi fa tendreffe ne l'emporte - t - elle pas fur fon ambition? Tout paroît concourir à le faire pencher du côté de la nature & de l'humanité; tout paroît lui crier qu'il vaut mieux renoncer à l'empire de la Grèce & à la conquête de Troye, que de faire égorger fur un autel cette fille innocente & chérie.

Cette réflexion fait naître deux autres caractères ; celui d'Ulyffe fin , rufé, artificieux , éloquent; & celui d'Achille fougueux, téméraire, emporté, préfomptueux, fuperbe. Le premier réveille dans le cœur d'Agamemnon l'ambition qui le preffe de facrifier fa fille. Il a arraché par fes rufes & fon éloquence la promeffe fatale d'Agamemnon;

dès que la tendreſſe paroît l'emporter dans le cœur de ce malheureux père, il lui rappelle cette promeſſe; il lui repréſente les ordres des dieux; la fureur du peuple ſi on déſobéit; il lui étale la gloire & les triomphes qui ſuivront ſon obéiſſance.

D'un autre côté, Achille aime Iphigénie, raiſon ſuffiſante, d'après ſon caractère, pour la défendre, & pour s'oppoſer avec emportement au deſſein de ſon père. Mais cet emportement augmentera encore ſi Agamemnon a fait une injure à Achille, s'il s'eſt ſervi de ſon nom pour attirer Iphigénie dans le camp, s'il lui a écrit au nom de ce héros qu'il vouloit l'épouſer en préſence de l'armée avant que de partir pour Troye. On s'eſt ſervi du nom de cet amant pour livrer ſon amante entre les mains de ſes bourreaux. Cette ſupercherie révolte Achille; il bravera Agamemnon, il lui prodiguera l'outrage & la menace; & l'orgueil de ce chef outragé ſera près d'achever ce que l'ambition ſeule ſembloit ne pouvoir faire. C'eſt après avoir été bravé & inſulté par cet amant emporté; c'eſt après que cet amant aura juré de ſauver Iphigénie aux dépends de ſa vie, qu'Agamemnon dira:

Et voilà ce qui rend sa perte inévitable,
Ma fille toute seule étoit moins redoutable.
Ton insolent amour qui croit m'épouvanter,
Vient de hâter le coup que tu veux arrêter.
Ne délibérons plus ; bravons sa violence,
Ma gloire intéressée emporte la balance.
Achille menaçant détermine mon cœur ;
Ma pitié sembleroit un effet de ma peur.

Dans le plan que Racine s'est tracé, il a cru qu'une fille sacrifiée par les ordres de son père seroit un spectacle horrible & révoltant ; pour éviter cet inconvénient, il a imaginé le caractère d'Ériphile, sur lequel il a voulu faire tomber le sens de l'oracle. Pourquoi Ériphile périroit-elle au lieu d'Iphigénie ? Si cette princesse est bonne & vertueuse, la volonté des dieux suffira-t-elle pour faire supporter sa mort ? Elle aura donc un caractère odieux. Une jalousie sombre, une méchanceté réfléchie, une perfidie odieuse formeront les principaux traits de son caractère. Ils contrasteront admirablement bien avec la douceur, l'ingénuité & la candeur d'Iphigénie, on éprouvera une douce satisfaction à voir sauver l'innocence ;

& puifqu'il faut que quelqu'un périffe, on fera moins faché que le fort tombe fur celle dont le caractère odieux femble le mériter; Eriphile eft ifolée, fans parens, fans amis; elle ne coûte de larmes à perfonne, fa mort paroît être une punition de fon crime; & elle fauve la vertueufe Iphigénie.

Voilà les principaux caractères déterminés. Par où Racine commencera-t-il fa pièce? Quels feront les premières idées qu'il préfentera au fpecteteur? Nous avons vu que le perfonnage principal, celui fur qui roule toute l'action, c'eft Agamemnon; c'eft donc lui qui fera connu le premier, Et il fera connu dès le commencement, avec les principaux traits du caractère qui le rendra intéreffant pendant toute la pièce; il fera repréfenté dans le moment où fa fille étant prête d'arriver, réveille dans fon cœur la tendreffe paternelle, qui le fait répentir de la fatale promeffe donnée à Ulyffe. C'eft dans cette fituation, au milieu de la nuit, ne pouvant repofer, que fes craintes & fon agitation prépareront le fpectateur au grand évènement qu'on va lui annoncer.

Agamemnon a befoin de quelqu'un pour en-
voyer au - devant de la reine, & l'empêcher
d'aller plus avant; il choifit Arcas, ancien ferviteur de la reine, qui eft attaché à cette princeffe.
Celui - ci ignore.ce qui caufe le trouble & l'agitation de fon maître. Agamemnon eft obligé de le
lui expliquer, & l'expofition eft faite, de la manière la plus naturelle.

Il ne fuffit pas que dès le commencement de la
pièce le caractère d'Agamemnon foit établi par les
traits principaux; il fera bon auffi que les caractères de tous les acteurs principaux foient connus.
Racine n'a pas manqué de le faire dès la première
fcène. Voyons de quelle manière.

S C È N E P R E M I È R E.

A G A M E M N O N. A R C A S.

A G A M E M N O N.

Oui, c'eft Agamemnon, c'eft ton Roi qui t'éveille, (a)
Viens reconnois la voix qui frappe ton oreille.

(a) Dès le premier vers, le principal acteur eft connu dans
une fituation qui annonce fon caractère. Agamemnon fe lève
au milieu de la nuit, éveille un de fes domeftiques; il eft dans
le trouble, dans l'agitation; & c'eft un Roi.

ARCAS.

C'eſt vous-même, Seigneur! quel important beſoin
Vous a fait devancer l'Aurore de ſi loin? (*b*)
A peine un foible jour vous éclaire & me guide,
Vos yeux ſeuls & les miens ſont ouverts dans l'Aulide.
Avez-vous dans les airs entendu quelque bruit? }
Les vents nous auroient-ils exaucés cette nuit? } (*c*)
Mais tout dort & les vents & l'armée & Neptune. }

AGAMEMNON.

Heureux qui ſatisfait de ſon humble fortune }
Libre du joug ſuperbe où je ſuis attaché, } (*d*)
Vit dans l'état obſcur où les dieux l'ont caché. }

(*b*) La réponſe du domeſtique, ſon étonnement, le tems où il eſt réveillé par ſon maître, continuent à peindre la ſituation d'Agamemnon.

(*c*) Ces trois vers marquent en même tems le lieu de la ſcène, la ſituation des Grecs, & l'obſtacle qui les arrête. Ils augmentent en même tems l'attente du ſpectateur. Agamemnon chef des Grecs ſe lève troublé au milieu de la nuit; & il n'y a rien de nouveau dans le camp; le tems eſt calme comme à l'ordinaire. Quel peut donc être le grand évènement qui trouble le chef de l'armée?

(*d*) La ſituation s'établit de plus en plus. On attend l'évènement avec plus de curioſité. Un Roi, le chef de vingt Rois reduit à envier le ſort d'un ſujet obſcur!

ARCAS.

Et depuis quand, Seigneur, tenez-vous ce langage?
Comblé de tant d'honneurs, par quel secret outrage
Les dieux, à vos désirs toujours si complaisans,
Vous font-ils méconnoître & haïr leurs préfens?
Roi, père, époux heureux, fils du puiffant Atrée, (e)
Vous poffédez des Grecs la plus riche contrée,
Du fang de Jupiter iffu de tous côtés,
L'hymen vous lie encore aux Dieux dont vous fortez.
Le jeune Achille enfin vanté par tant d'oracles,
Achille à qui le Ciel promet tant de miracles,
Recherche votre fille & d'un hymen si beau,
Veut dans Troye embrafée allumer le flambeau.
Quelle gloire, Seigneur, quels triomphes égalent
Les fpectacles pompeux que ces bords vous étalent;
Tous ces mille vaiffeaux qui, chargés de vingt Rois,
N'attendent que les vents pour partir fous vos loix. (f)
Ce long calme il eft vrai, retarde vos conquêtes.
Ces vents, depuis trois mois enchaînés fur nos têtes,

(e) Ce beau vers dont chaque mot perce le cœur d'Aga-memnon, doit mêler l'attendriffement au trouble & préparer la confidence qu'il va faire à fon domeftique.

(f) Cette énumération pompeufe des avantages brillans d'Agamemnon, augmente toujours l'attention du fpectateur & amène bien naturellement l'expofition du fujet.

D'Ilion trop longtems vous ferment le chemin.

Mais parmi tant d'honneurs, vous êtes homme enfin.

Tandis que vous vivrez, le fort qui toujours change,

Ne vous a point promis un bonheur fans mélange.

Bientôt.... Mais quels malheurs, dans ce billet tracés, (g)

Vous arrachent, Seigneur, les pleurs que vous verfez?

Votre Orefte, au berceau, va-t-il finir fa vie?

Pleurez-vous Clytemneftre, ou bièn Iphigénie?

Qu'eft-ce qu'on vous écrit? Daignez m'en avertir.

A C A M E M N O N.

Non, tu ne mourras point; je n'y puis confentir. (h)

A R C A S.

Seigneur . . .

(g) Etoit-il naturel qu'Agamemnon écoutât avec attention tout ce que dit Arcas? Non, il a paru inquiet, troublé; le difcours de fon domeftique qui lui demande le fujet de fon trouble, n'eft pas affez intéreffant pour lui, pour fufpendre fa douleur. Il a écrit un billet, il le lit, il l'arrofe de fes larmes. La fituation eft foutenue. Ce billet frappe les yeux du confident; rien de plus naturel. Il voit Agamemnon l'arrofer de fes larmes, il foupçonne que le fujet de fa douleur a rapport à fa famille. Voilà un pas qui nous conduit à apprendre le malheur d'Iphigénie.

(h) L'évènement s'annonce; quelqu'un devoit mourir; Agamemnon devoit y confentir. Il pleure. Il a un fils, une fille, une époufe. L'attention & l'intérêt redoublent à chaque mot.

AGAMEMNON.

Tu vois mon trouble, apprends ce qui le caufe (*i*)
Et juge s'il eft tems ami que je repofe.
Tu te fouviens du jour qu'en Aulide affemblés, (*k*)
Nos vaiffeaux par les vents fembloient être appellés.
Nous partions; & déjà, par mille cris de joie,
Nous menacions de loin les rivages de Troye,
Un prodige étonnant fit taire ce tranfport.
Le vent, qui nous flattoit, nous laiffa dans le port.
Il fallut s'arrêter & la rame inutile
Fatigua vainement une mer immobile.
Ce miracle inouï me fit tourner les yeux
Vers la Divinité qu'on adore en ces lieux.

(*i*) Enfin le moment eft arrivé; l'auteur a fait naître avec art dans l'ame du fpectateur la plus grande idée de l'évènement qu'on va lui annoncer; en le conduifant pas à pas au moment où il doit lui découvrir cet évènement; il a raffemblé avec foin tous les traits, qui pouvoient en préparer l'intérêt. Un Roi, chef de vingt Rois, comblé d'honneur, de gloire & de biens, un Roi qui poffède une fille vertueufe, qui eft fur le point d'unir cette fille au jeune héros qui fait l'honneur de la Gréce. C'eft ce même Roi qui eft accablé d'inquiétude, de trouble, de chagrin; c'eft ce même Roi qui gémit fous le fardeau de la couronne & des honneurs, qui envie le fort d'un fimple particulier, enfin c'eft ce même Roi qui fe voit engagé par une promeffe funefte, & par l'honneur des Rois & de l'armée dont il eft chef, à ordonner lui-même la mort de fa fille.

(*k*) Ici commence l'expofition du fujet.

Suivi de Ménélas, de Neſtor & d'Ulyſſe,

J'offris ſur ſes autels un ſecret ſacrifice. (*l*)

Quelle fut ſa réponſe ! Et que devins-je Arcas,

Quand j'entendis ces mots prononcés par Calchas,

Vous armez contre Troye une puiſſance vaine,

Si, dans un ſacrifice auguſte & ſolemnel,

     Une fille du ſang d'Hélène,

De Diane, en ces lieux, n'enſanglante l'autel.

Pour obtenir les vents que le Ciel vous dénie.

     Sacrifiez Iphigénie.   (*m*)

A R C A S.

Votre fille !

A G A M E M N O N.

     Surpris comme tu peux penſer,

Je ſentis dans mon corps tout mon ſang ſe glacer,

Je demeurai ſans voix, & n'en repris l'uſage

Que par mille ſanglots qui ſe firent paſſage

Je condamnai les Dieux, &, ſans plus rien ouïr,   } (*n*)

Fis vœu, ſur leurs autels, de leur déſobéir.

Que n'en croyois-je alors ma tendreſſe allarmée.

Je voulois ſur le champ congédier l'armée.

(*l*) Si le ſacrifice avoit été public, il ne ſeroit pas vraiſem-
blable que le bruit n'en eût pas couru juſqu'à Micènes, ou que
du moins Clytemneſtre & Iphigénie ne l'euſſent pas appris en
chemin. Arcas, domeſtique d'Agamemnon l'auroit ſu, & l'expoſition n'auroit pas été amenée ſi naturellement.

Ulyffe, en apparence, approuvant mes difcours,
De ce premier torrent laiffa paffer le cours,
Mais bientôt rappellant fa cruelle induftrie,
Il me repréfenta l'honneur & la patrie,
Tout ce peuple, ces Rois, à mes ordres foumis,
Et l'empire d'Afie à la Grèce promis :
De quel front immolant tout l'État à ma fille
Roi fans gloire, j'irois vieillir dans ma famille.

} (*o*)

Moi - même je l'avoue avec quelque pudeur
Charmé de mon pouvoir & plein de ma grandeur
Les noms de Roi des Rois, & de chef de la Grèce,
Chatouilloient de mon cœur l'orgueilleufe foibleffe.

} (*p*)

(*m*) Voilà le fujet expofé. Racine va maintenant nous tracer les principaux traits des caractères.

(*n*) Les deux principaux traits du caractère d'Agamemnon font la tendreffe & l'ambition. Ces fix vers commencent par établir fa tendreffe pour fa fille.

(*o*) Voilà le caractère d'Ulyffe. Il eft artificieux, rufé, éloquent.

(*p*) Second trait du caractère d'Agamemnon; l'orgueil & l'ambition. Cet aveu d'Agamemnon, eft bien amené par le dif-cours d'Ulyffe; ce n'eft pas lui qui fe repréfente la gloire qui l'environne; c'eft Ulyffe, l'artificieux, l'éloquent Ulyffe qui lui met fous les yeux tout ce qui peut chatouiller l'orgueilleufe foi-bleffe de fon cœur. Le premier trait de fon caractère lui fait honneur, il le place dès le commencement, il rappelle au con-traire tout ce qui peut faire excufer le fecond, & ne femble en faire l'aveu qu'avec peine. Cette délicateffe contribue à le ren-dre plus intéreffant.

Pour comble de malheur les dieux toutes les nuits,
Dès qu'un léger sommeil suspendoit mes ennuis,
Vengeant de leurs autels le sanglant privilège
Me venoient reprocher ma pitié sacrilège;
Et, présentant la foudre à mon esprit confus,
Le bras déjà levé menaçoient mes refus.
Je me rendis Arcas, & vaincu par Ulysse,
De ma fille en pleurant, j'ordonnai le supplice,   } (q)
Mais des bras d'une mère il falloit l'arracher.
Quel funeste artifice il me fallut chercher!   } (r)
D'Achille qui l'aimoit j'empruntai le langage.
J'écrivis en Argos pour hâter ce voyage
Que ce guerrier pressé de partir avec nous,
Vouloit revoir ma fille, & partir son époux.   } (s)

A R C A S.

(q) Les deux traits principaux du caractère d'Ulysse sont rapprochés dans ces deux beaux vers. *L'ambition ordonne le supplice; la tendresse paternelle fait verser des larmes.*

(r) Iphigénie a une mère; autre personnage principal.

(s) Voici un autre acteur qui prendra une grande part à l'évènement, il aime Iphigénie; on se sert de son nom pour la tromper, pour la faire venir à la mort. Nous l'avons vu dès le commencement: c'est un jeune héros vanté par les oracles, & à qui les Dieux promettent des miracles.

A R C A S.

Et ne craignez - vous point l'impatient Achille?
Avez - vous prétendu que, muet & tranquille,
Ce héros, qu'armera l'amour & la raifon,
Vous laiffe pour ce meurtre abufer de fon nom.

$\left.\right\}$ (*t*)

A G A M E M N O N.

Achille étoit abfent; & fon père Pélée,
D'un voifin ennemi redoutant les efforts,
L'avoit, tu t'en fouviens, rappellé de ces bords;
Et cette guerre, Arcas, felon toute apparence,
Auroit dû plus longtems prolonger fon abfence.
Mais qui peut dans fa courfe arrêter ce torrent?
Achille va combattre, & triomphe en courant;

$\left.\right\}$ (*u*)

Et ce vainqueur, fuivant de près fa renommée,
Hier avec la nuit arriva dans l'armée.
Mais des nœuds plus puiffans me retiennent le bras. (*x*)
Ma fille qui s'approche & court à fon trépas,

(*t*) Le caractère d'Achille eft efquiffé. C'eft un guerrier, un héros d'un caractère impatient, qui ne fouffrira pas qu'on abufe impunément de fon nom pour faire périr for. amante.

(*u*) Nouvelle touche dans le caractère d'Achille.

(*x*) Trait qui prépare la manière dont Agamemnon recevra les menaces d'Achille.

I

Qui, loin de foupçonner un arrêt fi févère;

Peut-être s'applaudit des bontés de fon père;

Ma fille ... ce nom feul, dont les droits font fi faints,

Sa jeuneffe, mon fang, n'eft pas ce que je plains,

Je plains mille vertus, une amour mutuelle,

Sa piété pour moi, ma tendreffe pour elle,

Un refpect qu'en fon cœur rien ne peut balancer,

Et que j'avois promis de mieux récompenfer.   (y)

Non, je ne croirai point, ô ciel! que ta juftice

Approuve la fureur de ce noir facrifice.

Tes oracles, fans doute, ont voulu m'éprouver;

Et tu m'en punirois fi j'ofois l'achever.

Arcas, je t'ai choifi pour cette confidence:

Il faut montrer ici ton zèle & ta prudence.

La Reine, qui dans Sparte avoit connu ta foi,   (z)

T'a placé dans le rang que tu tiens près de moi.

(y) Caractère d'Iphigénie : elle eft jeune, vertueufe ; fon cœur eft plein de tendreffe & de refpect pour fon père.

(z) Racine non content d'établir, dès la première fcène, le caractère des principaux acteurs, trace auffi ceux des acteurs fecondaires, afin de ne rien laiffer de vague & d'indéterminé. Arcas eft un ferviteur fidèle, que fes fervices auprès de la Reine, ont élevé à un rang auprès d'Agamemnon. Il mérite donc la confiance du Roi. Mais lorfqu'on lui ordonnera d'aller chercher Iphigénie à l'autel, fon attachement pour la Reine, l'empêchera de fe taire ; & s'il trahit le fecret de fon maître, cette action fera conforme au caractère qu'on lui donne ici.

Prends cette lettre : cours au - devant de la Reine;
Et suis sans t'arrêter le chemin de Mycène.
Dès que tu la verras, défends-lui d'avancer,
Et rends-lui ce billet que je viens de tracer :
Mais ne t'écarte point; prends un fidèle guide.
Si ma fille une fois met le pied dans l'Aulide,
Elle est morte. Calchas, qui l'attend en ces lieux,
Fera taire nos pleurs, fera parler les Dieux;
Et la religion, contre nous irritée,
Par les timides Grecs sera seule écoutée.
Ceux même dont ma gloire aigrit l'ambition,
Réveilleront leur brigue & leur prétention;
M'arracheront peut-être un pouvoir qui les blesse.
Va, dis-je, sauve-la de ma propre foiblesse,
Mais sur-tout ne va point, par un zèle indiscret,
Découvrir à ses yeux mon funeste secret.
Que, s'il se peut, ma fille, à jamais abusée,
Ignore à quel péril je l'avois exposée.
D'une mère en fureur épargne-moi les cris, (a)
Et que ta voix s'accorde avec ce que j'écris.
Pour renvoyer la fille, & la mère offensée,
Je leur écris qu'Achille a changé de pensée;
Et qu'il veut désormais, jusque à son retour,
Différer cet hymen que pressoit son amour.

(a) Caractère de Clitemnestre indiqué.

Ajoute, tu le peux, que des froideurs d'Achille,
On accuse en secret cette jeune Eriphile,
Que lui-même captive amena de Lesbos,   } (b)
Et qu'auprès de ma fille on garde dans Argos.
C'est leur en dire assez; le reste il le faut taire.
Déjà le jour plus grand nous frappe & nous éclaire;
Déjà même l'on entre, & j'entends quelque bruit.
C'est Achille. Va, pars. Dieux! Ulisse le suit.

L'action est exposée; le caractère des principaux acteurs établi; il ne s'agit plus que de les
faire agir.

SCÈNE SECONDE.

AGMEMNON quitte Arcas. Quelqu'espérance luit à son cœur paternel. Achille & Ulysse
paroissent. Le premier vient d'apprendre qu'Iphigénie arrive; il demande à Agamemnon s'il peut
se livrer au doux espoir d'unir son sort avec elle.
Figurons-nous la situation d'Agamemnon, qui a

(b) Voilà la rivale d'Iphigénie. On fait soupçonner qu'elle
aime secrètement Achille, & qu'elle en est aimée. Cependant
elle est élevée auprès d'Iphigénie: la jalousie & la perfidie font
indiquées.

abufé du nom d'Achille pour faire venir fa fille.
Au nom d'Iphigénie prononcé par Achille, il fera
troublé, il fe dira:

Jufte ciel! fauroit-il mon funefte artifice?

Sa nouvelle réfolution lui ferme le chemin de
Troye. Il eft naturel qu'il prépare les deux princes
à ce changement; qu'il leur annonce qu'il faut
renoncer à la conquête de Troye. Que dira l'artificieux Ulyffe? Que fera l'impétueux Achille?
Le premier fera furpris de cette nouvelle réfolution; le fecond s'emportera; il traitera de craintes
puériles les raifons d'Agamemnon; il bravera les
menaces des dieux; lui feul avec fon ami, il ira,
s'il le faut, afliéger Troye.

SCÈNE III.

ULYSSE refte feul avec Agamemnon. Son
premier foin doit être d'étouffer en lui la tendreffe paternelle, & de lui rappeller fa promeffe.
Agamemnon efpère que fa fille n'arrivera point
au camp. Il promet de l'immoler fi elle y arrive.
Cette promeffe naît de fa fituation.

SCÈNE IV.

C'est dans l'inftant où ce père malheureux
fe flatte d'un doux efpoir; c'eft dans l'inftant où
il vient de promettre qu'il l'immolera, fi elle
arrive, qu'il apprend qu'elle eft arrivée. Elle s'eft
égarée; elle n'a point rencontré Arcas.

SCÈNE V.

Il n'y a plus d'excufe, ni de prétexte; Ulyffe
doit faifir cet inftant pour preffer le facrifice. Son
caractère artificieux femblera fe prêter à la douleur d'Agamemnon; il feindra de mêler fes larmes
à celles de ce malheureux père; puis il lui éta-
lera de nouveau les triomphes qui fuivront ce
facrifice néceffaire.

ACTE II.

SCÈNE PREMIÈRE.

Le caractère d'Eriphile, qui n'étoit qu'un
perfonnage épifodique, n'a été qu'indiqué dans
la première fcène; il a été préfenté, pour ainfi
dire, dans le lointain. Elle arrive avec Iphigénie:

il eft tems de tracer ce caractère. Elle le fera
elle-même. La jaloufie la fait retirer à l'écart
avec fa confidente. La joie de cette famille qu'elle
croit heureufe, la tourmente. Elle fait à fa confidente le détail de fon amour pour Achille. C'eft
le moment où elle devoit le faire.

SCÈNE II.

AGAMEMNON ayant appris l'arrivée de fa
fille, courra-t-il au-devant d'elle? Non; il s'en-
fermera dans fa tente; il évitera de rencontrer
cette fille fi chère. Elle fera obligée de lui dire:

Seigneur! où courez-vous? Et quels empreffemens
Vous dérobent fitôt à nos embraffemens?

Que répondra-t-il aux empreffemens d'Iphigénie? Il l'embraffera; il l'affurera qu'il l'aime;
mais un morne chagrin empoifonnera ces embraffemens. En vain fa fille le queftionnera, pour
en apprendre la caufe; il ne répondra que par
des foupirs, que par des paroles entre-coupées.
L'inquiétude d'Iphigénie augmentera. Ses quef-
tions feront plus preffantes. Enfin naîtra ce dia-

logue fublime, chef-d'œuvre de fimplicité & de
fentiment le plus beau, peut-être, qui exifte.

IPHIGÉNIE.

. . . .
. . . .

N'éclaircirez-vous point ce front chargé d'ennuis?

AGAMEMNON.

Ah! ma fille!

IPHIGÉNIE.

Seigneur, pourfuivez.

AGAMEMNON.

                         Je ne puis.

IPHIGÉNIE.

Périffe le Troyen, auteur de nos allarmes!

AGAMEMNON.

Sa perte à fes vainqueurs coutera bien des larmes.

IPHIGÉNIE.

Les dieux daignent fur-tout prendre foin de vos jours!

AGAMEMNON.

Les dieux depuis un tems me font cruels & fourds.

IPHIGÉNIE.

Calchas, dit-on, prépare un pompeux facrifice.

AGAMEMNON.

Puiffé-je auparavant fléchir leur injuftice!

IPHIGÉNIE.

L'offrira-t-on bientôt?

AGAMEMNON.

> Plutôt que je ne veux.

IPHIGÉNIE.

Me fera-t-il permis de me joindre à vos vœux?
Verra-t-on à l'autel votre heureuse famille?

AGAMEMNON.

Hélas!

IPHIGÉNIE.

Vous vous taisez?

AGAMEMNON.

> Vous y serez, ma fille.

Adieu!

Quels difcours, quelles réflexions pourroient
produire un effet auffi fublime que ce peu de
mots: *Vous y ferez ma fille?* Tant il eft vrai que
l'art doit toujours être fubordonné à la nature!
Ces mots font déchirans pour le cœur d'Agamemnon; pourroit-il y ajouter quelque chofe?
Les larmes doivent fe preffer autour de fes pau-
pières; il veut cacher fon fecret; il doit détourner

la tête ; il ne dira plus qu'un mot : *Adieu ;* &
il fe retirera, pour laiffer un libre cours à fes
fanglots.

S C È N E III ET IV.

CLYTEMNESTRE reçoit le billet d'Agamemnon ; elle apprend qu'Achille a changé de penfée ;
qu'Eriphile eft caufe de fes froideurs. Elle en
inftruira fa fille dans la fcène IV, au moment où
cette tendre amante vient, dans la III. fcène, de
verfer les fecrets de fon cœur dans le fein de
cette perfide amie. Cette circonftance rend la
fituation plus intéreffante ; elle fait mieux fentir
le caractère odieux d'Eriphile.

S C È N E V.

IPHIGÉNIE frappée par ce trait de lumière
fera des reproches à Eriphile ; mais fes reproches
feront conformes à fon caractère ; fon cœur bleffé
mortellement, eft prêt à pardonner à fa perfide
rivale. Elle dira au milieu de ces reproches :

Je vous pardonne, hélas ! des vœux intéreffés,
Et la perte d'un cœur que vous me raviffez.

SCÈNE VI.

IPHIGÉNIE est persuadée de l'infidélité d'Achille : sa situation est liée avec ce personnage. Aussi est-ce lui qui paroîtra ? Il vient ; il est surpris de la voir en Aulide. La tendre Iphigénie ne se répandra point en vains reproches : ils ne seroient pas dans son caractère. Elle répondra seulement :

Seigneur, rassurez-vous, vos vœux seront contens,
Iphigénie encore n'y sera pas longtems.

SCÈNE VII ET VIII.

ACHILLE reste seul avec Eriphile. Moment favorable pour cette princesse : elle lui apprend qu'Agamemnon a écrit en son nom en Aulide. Etonné de cette nouvelle & des froideurs d'Iphigénie, il soupçonne quelque ruse, & jure qu'il aime toujours cette princesse. Cette découverte confond la jalouse Eriphile. Seule dans la scène VIII, elle se livre à tous les transports de la jalousie ; mais bientôt revenant à elle, sa méchanceté réfléchie soupçonne quelque malheur, & médite vengeance.

ACTE III.

SCÈNE PREMIÈRE.

CLYTEMNESTRE prête à partir, est détrompée par Achille, qui l'assure de sa fidélité. Elle doit avec empressement en avertir Agamemnon. Quel doit être le premier soin d'Agamemnon? N'est-ce pas d'écarter une mère de l'autel où l'on doit sacrifier sa fille? Il la prie de ne point conduire sa fille à l'autel pour la remettre à Achille. Il n'est pas naturel qu'une Reine impérieuse & vaine consente à être privée de cet honneur & de ce plaisir. Il n'y a que l'ordre d'Agamemnon qui puisse l'y forcer.

SCÈNES II, III et IV.

CLYTEMNESTRE murmure contre Agamemnon; mais enfin le bonheur de sa fille la fait consentir à tout. L'hymen, ou plutôt le sacrifice, se prépare. Achille est dans les transports de l'amour & de la joie. Iphigénie, qui voit tout succéder au gré de ses désirs, doit sentir qu'elle a fait une injuftice à Eriphile. Son cœur eft trop bon, trop vertueux pour ne pas tâcher de la réparer. Elle fe reproche d'avoir affligé fa mifère. Elle demande fa liberté à Achille, qui la lui accorde.

SCÈNES V ET VI.

CEPENDANT tout eft prêt pour le facrifice. On n'attend plus que la victime. Qui viendra la demander à fa mère de la part de fon père? Arcas le feul confident de fa douleur. Arcas doit tout à la Reine; trompera-t-il cette mère infortunée? Il a vu le fer, le bandeau, la flamme; ce fpectacle effrayant l'a glacé d'effroi. Il parlera quoiqu'il lui en coute. Il apprendra qu'Agamemnon ne demande fa fille que pour l'immoler.

Voilà la fituation des principaux acteurs changée. Clytemneftre eft frappée d'étonnement & d'horreur. Sa première penfée fera de fonger s'il n'y a point quelque fecours à efpérer. Elle ne voit qu'Achille qui puiffe défendre fa fille; elle oublie l'orgueil du diadème, & fe jette aux pieds du héros. Bientôt après elle cherche un autre moyen: elle court fe préfenter à fon époux; elle veut l'épouvanter par la fureur qui l'anime; elle veut périr plutôt que de voir immoler sa fille. La fureur d'Achille ne doit pas encore éclater. Il ne se répand point en vaines plaintes; il songe plutôt aux moyens de sauver la princesse : l'étonnement & l'horreur l'ont rendu immobile; il est absorbé dans un sombre silence. Les ruses dont on s'est servi pour le tromper, reviennent à sa mémoire. Il se voit trompé, trahi, désespéré; le foyer de la fureur s'allume dans sa poitrine : il éclatera bientôt.

Bientôt il se répand en reproches contre Agamemnon; il jure de sauver Iphigénie. Ce projet fait frémir la jeune princesse. Elle excuse son père; & la noblesse de son caractère se développe dans cette scène intéressante.

SCÈNE VII.

AGAMEMNON aura-t-il reçu son épouse? Non sans doute; ce sont ses cris qu'il craint; il aura placé des gardes de tous côtés pour l'empêcher d'approcher. Clytemnestre repoussée, sent que le danger est pressant : elle n'a plus d'autre ressource que dans le courage d'Achille. Elle revient lui demander du fecours. Achille veut aller trouver Agamemnon. Iphigénie frémit pour fon père : elle arrête fon amant. Les efforts qu'elle fait pour le retenir font tirés de ce beau caractère fi fécond en fentimens nobles & fublimes.

ACTE IV.

SCÈNES I. ET II. (*a*)

JALOUSIE & fureur d'Eriphile. Elle forme le projet affreux de trahir Iphigénie, & d'avertir les

(*a*) Après avoir vu la fureur d'Achille; après l'avoir entendu faire ferment qu'Iphigénie ne périra point, on voudroit favoir ce que devient le père qui attend fa fille au pied de l'autel, au milieu de l'armée & des prêtres affemblés. Il feroit naturel qu'il vînt d'abord chercher fa fille, demander pourquoi on ne lui obéit pas. Il y a eu un entre-acte d'intervalle. Ces deux fcènes ne paroiffent donc pas naître naturellement des fcènes précédentes; elles fe lient peu avec les fuivantes. Mais elles étoient néceffaires d'après le plan de Racine; il falloit développer par degrés le caractère jaloux & forcéné de cette princeffe; il falloit préparer & amener ainfi le dénouement. Le défaut eft donc moins ici dans la difpofition des fcènes que dans l'économie du plan.

Grecs qu'on veut s'oppofer à la volonté des Dieux, & fauver la victime. Cet aveu d'Eriphile prépare la noire trahifon qu'elle fera bientôt. Elle fe révolte contre Achille; elle prépare le fpectateur à la voir, fans pitié, périr au lieu d'Iphigénie. Clytemneftre admire la vertu d'Iphigénie. Elle attend Agamemnon; &, fans éclater contre lui, veut voir comme il foutiendra fon artifice.

SCÈNES III, IV et V.

Agamemnon attend inutilement fa fille à l'autel. Il eft naturel qu'il vienne voir ce qui fe paffe; qu'il demande pourquoi elle diffère. La fureur de Clytemneftre a éclaté; le fang-froid de l'indignation fuccède un inftant à cette paffion. Elle interroge fon époux avec un air de fureur étouffée; elle veut fe contraindre, le reproche perce à chaque mot: fon caractère violent l'emporte. Mais avec quel art Racine n'a-t-il pas amené l'explication. Clytemneftre ne dit pas un mot qui ne doive percer le cœur d'Agamemnon. *N'avez-vous rien qui vous arréte? Vos foins ontils tout préparé? Les foins* d'un père qui prépare

le

le bûcher, le couteau, l'autel où fa fille va être immolée! Que cette idée eft bien placée! *Et la victime, où eft-elle?*

Agamemnon eft troublé, confondu. Clytemneftre n'y tient plus; elle appelle fa fille.

Venez, venez ma fille: on n'attend plus que vous;
Venez remercier un père qui vous aime,
Et qui veut à l'autel vous conduire lui-même.

Reproche terrible, qui apprend à Agamemnon que tout eft découvert, & qui agite, dans fon cœur déchiré, le noir flambeau des Furies. Iphigénie foutient toujours fon caractère; elle le développe ici de la manière la plus fublime: c'eft la douceur, la tendreffe, la foumiffion, le refpect, la réfignation, le courage; c'eft la vertu dans tout ce qu'elle a de plus héroïque & de plus touchant. Elle dit à fon père:

Quand vous commanderez vous ferez obéi.
Ma vie eft votre bien: vous voulez le reprendre;
Vos ordres fans détour pouvoient fe faire entendre.
D'un œil auffi content, d'un cœur auffi foumis,
Que j'acceptois l'époux que vous m'aviez promis,

Je faurai, s'il le faut, victime obéiffante,
Tendre au fer de Calchas une tête innocente,
Et refpectant le coup par vous même ordonné,
Vous rendre tout le fang que vous m'avez donné. &c.

Agamemnon avoue à fa fille que les Dieux demandent fa mort. Il a tenté envain de la fauver. Il n'eft plus poffible de s'oppofer à la licence du peuple; il faut qu'elle meure.

Clytemneftre entend ces paroles terribles. Elle n'a plus de reffource; elle ne gardera aucune mefure: elle accablera Agamemnon des reproches les plus terribles; elle lui criera dans l'excès de fa fureur:

Vous ne démentez point une race funefte;
Oui, vous êtes du fang d'Atrée & de Thyefte.
Bourreau de votre fille, il ne vous refte enfin
Que d'en faire à fa mère un horrible feftin.
Barbare, c'eft donc là cet heureux facrifice
Que vos foins préparoient avec tant d'artifice!
Quoi! l'horreur de foufcrire à cet ordre inhumain,
N'a pas, en le traçant, arrêté votre main?
Pourquoi feindre à nos yeux une fauffe trifteffe?
Penfez-vous par des pleurs prouver votre tendreffe?

Où font-ils ces combats que vous avez rendus?
Quels flots de fang pour elle avez-vous répandus?
Quel débri parle ici de votre réfiftance?
Quel champ couvert de morts me condamne au filence?
Voilà par quels témoins il falloit me prouver,
Cruel! que votre amour a voulu la fauver.
Un oracle fatal ordonne qu'elle expire!
Un oracle dit-il tout ce qu'il femble dire?
Le Ciel, le jufte Ciel, par le meurtre honoré,
Du fang de l'innocence eft-il donc altéré?

. . . .

. . . .

Cette foif de régner, que rien ne peut éteindre,
L'orgueil de voir vingt Rois vous fervir & vous craindre,
Tous les droits de l'Empire en vos mains confiés;
Cruel! c'eft à ces Dieux que vous facrifiez.
Et, loin de repouffer le coup qu'on vous prépare,
Vous voulez vous en faire un mérite barbare.
Trop jaloux d'un pouvoir qu'on veut vous envier,
De votre propre fang vous courez le payer,
Et voulez, par ce prix, épouvanter l'audace
De quiconque vous peut difputer votre place.
Eft-ce donc être père? Ah! toute ma raifon
Cède à la cruauté de cette trahifon.
Un prêtre environné d'une foule cruelle,
Portera fur ma fille une main criminelle,

Déchirera fon fein; & , d'un œil curieux,
Dans fon cœur palpitant confultera les Dieux!
Et moi, qui l'amenai triomphante, adorée,
Je m'en retournerai feule & défefpérée!
Je verrai les chemins encor tout parfumés
Des fleurs dont, fous fes pas, on les avoit femés.

Mais elle ne fouffrira point qu'on emmène fa fille. Il faudra l'arracher de fes bras; de fes bras tout fanglans.

Non, je ne l'aurai point amenée au fupplice,
Ou vous ferez aux Grecs un double facrifice.
Ni crainte ni refpect ne m'en peut détacher:
De mes bras tout fanglans il faudra l'arracher.
Auffi barbare époux qu'impitoyable père,
Venez, fi vous l'ofez, la ravir à fa mère! &c.

Agamemnon refte feul déchiré par les juftes reproches de fon époufe, & par les cris d'un cœur paternel.

SCENES VI, VII, VIII, IX ET X.

ACHILLE cherchoit Agamemnon: il le brave. L'orgueil de celui - ci fe révolte contre fes menaces & ſes reproches. L'intérêt de ſa gloire l'emporte; il jure la mort de ſa fille. Il appelle ſes gardes pour la faire emmener. A peine a-t-il donné cet ordre cruel, que la tendreſſe reprend le deſſus. Qui va-t-il livrer à la mort ? Une fille innocente & chérie, qui préſente elle-même ſa tête pour lui obéir! Non, elle ne périra point: elle vivra; mais la gloire d'Agamemnon ſera vengée; il humiliera Achille : Achille l'aime, elle vivra pour un autre que pour lui. Agamemnon ne pouvoit prendre ce parti qu'en trouvant un moyen de ſe venger, ſans quoi il auroit agi contre ſon caractère.

Il fait appeller les princeſſes : il leur ordonne de fuir; & ſe livre encore à un doux eſpoir.

SCENE XI.

LA jalouſe rage d'Eriphile ne repoſe point. Le moment où Iphigénie eſt prête d'échapper, eſt celui où cette rage doit augmenter. Elle ſort dans le deſſein de perdre la princeſſe; elle court tout découvrir au prêtre Calchas.

ACTE V.

S C E N E S I et II.

Iphigénie n'a pu fortir du camp. L'armée avertie par Eriphile, s'eft oppofée à fa fuite. Il faut mourir. Elle fe réfout à la mort. Mais l'impétueux, l'intrépide Achille ne fe rendra point. Il Il jurera de défendre fon époufe malgré elle. Il lui dira :

Le prêtre deviendra la première victime,
Le bûcher, par mes mains détruit & renverfé,
Dans le fang des bourreaux nagera difperfé.
Et fi, dans les horreurs de ce défordre extrême,
Votre père frappé tombe & périt lui-même,
Alors, de vos refpects voyant les triftes fruits,
Reconnoiffez les coups que vous aurez conduits.

S C E N E S III, IV, V et VI.

Les gardes veulent emmener Iphigénie. Clytemneftre fe jette au milieu d'eux. Iphigénie embraffe fa mère, elle ordonne qu'on la conduife à l'autel. Sa mère veut la fuivre : on retient fes pas. Elle apprend que c'eſt Eriphile qui l'a trahie; elle ſe répand en imprécatiors contr'elle ; elle voit ſa fille livrée à la mort; elle voit lever le couteau, ſon eſprit ſe trouble, elle entend gronder la foudre, elle ſent trembler la terre. Mais elle apprend qu'Achile s'eſt fait un parti, qu'il veut ſauver Iphigénie Un reſte d'eſpérance luit encore à ſon cœur: elle veut courir pour ſeconder l'amant de ſa fille. Ulyſſe paroît; elle croit ſa fille morte : mais il vient lui annoncer qu'elle vit; & lui apprend ſur qui eſt tombée la colère des Dieux & le ſens de l'oracle.

Racine a fait parler tous les perſonnages de la manière dont ils devoient parler, d'après les caractères qu'il avoit établis. Les évènemens ſe ſuivent naturellement; ils naiſſent les uns des autres. Chaque acteur ne parle que dans le moment où il eſt naturel qu'il le faſſe. Ce qu'il devoit dire dans la circonſtance où il ſe trouve, il le dit; & il le dit avec le degré de paſſion qui doit l'animer dans cette circonſtance.

Je remarquerai ici, que les grands crimes & les paſſions criminelles, repréſentées ſur la ſcène, ne font jamais une impreſſion auſſi ſenſible ſur le ſpectateur, que les combats héroïques d'une ame vertueuſe, que ces ſacrifices ſublimes, que la vertu fait à ſes devoirs. S'il eſt poſſible qu'un poète, avec de grands talens, faſſe excuſer les plus grands crimes, & inſpire de la compaſſion pour ceux qui les commettent; je dirai que ce poète abuſe de ſes talens, s'il le fait. Racine nous inſpire de la compaſſion pour Phèdre. Mais que cette compaſſion eſt différente de celle qu'on éprouve à la vue d'Iphigénie, qui ſe ſacrifie pour plaire à ſon père! Cependant qu'on examine bien attentivement ſi c'eſt préciſément pour Phèdre criminelle que l'on a de la compaſſion. Non, c'eſt pour Phèdre, qui fait des efforts pour vaincre ſa paſſion; pour Phèdre, qui n'oſe avouer cette paſſion criminelle; à qui les remords troublent la raiſon, qui eſt dé-chirée par ces remords, qui rougit de ſes feux, qui verſe des larmes ſur ſon égarement, qui veut mourir plutôt que d'avouer ſon fatal amour. C'eſt pour Phèdre conduite pas à pas dans l'abîme du crime, par une femme qui abuſe des plus ten-dres ſentimens, pour l'amener à l'aveu honteux

de fa paſſion; c'eſt pour Phèdre qui, ſur le point
de révéler ſon funeſte ſecret, s'écrie:

Tu vas ouïr le comble des horreurs,

C'eſt donc la vertu qui fait naître la compaſſion. Le crime de Phèdre n'en paroît pas moins
affreux: mais on en rejette toute l'horreur ſur ſon
exécrable confidente. Point de compaſſion pour
le crime en lui-même. S'il y en a pour celle qui
l'a commis, elle prend ſa ſource dans ſes remords
& dans les pièges où on l'a conduite. L'art de
Racine a conſiſté ici à raſſembler toutes les circonſtances qui peuvent détourner l'horreur du
crime de Phèdre ſur ſon odieuſe confidente. Ce
n'eſt plus Phèdre qui paroît coupable d'une
flamme inceſtueuſe, c'eſt Œnone, Œnone qui a
entretenu cette paſſion funeſte par ſes criminelles
eſpérances; Œnone qui met le comble à ſon crime,
en accuſant elle-même Hyppolite. Point de compaſſion pour le vrai criminel, ou plutôt pour
celui ſur qui l'art du poète a ſu raſſembler l'odieux
du crime. On a reproché à Racine d'avoir donné
à Œnone un caractère trop odieux. Il me ſemble

que ce reproche eſt injuſte. Plus le caractère de cette confidente ſera affreux, plus on ſe prétera à l'illuſion qui la charge de tout le crime, pour en décharger Phèdre; plus on aura de compaſſion pour cette dernière.

Ce qu'on pourroit, peut-être, à plus juſte titre reprocher à Racine dans cette tragédie; c'eſt de s'être écarté de la nature en repréſentant un *amour incurable*. La fureur de Vénus, qui adoucit cette faute, ne ſauroit la juſtifier entièrement. En général, il me ſemble que les amours où le cœur eſt entraîné, malgré lui, par une paſſion fatale & ſans rémède, ſont des reſtes de la barbarie des ſiècles de chevalerie.

Ils ont pris naiſſance dans ces tems où la ſévérité des femmes échauffoit l'imagination des amans; où il falloit ſoupirer pendant des années pour obtenir la faveur ſingulière de baiſer le bout du gant de ſa belle. Le changement de mœurs à cet égard, nous a défait d'un préjugé barbare. Notre amour eſt devenu plus doux, plus humain, plus tranquille, plus confiant; & on ne ſe pend plus à la porte d'une maîtreſſe cruelle. Un reſte de l'ancienne galanterie subsistoit encore du tems de Louis XIV. Il n'y avoit guère de roman sans belle passion; point de tragédie sans amour. Aujourd'hui toutes les expressions de cette fade galanterie nous paroissent insipides; & il n'y a guère que le charme harmonieux du style de Racine qui puisse faire supporter Bérénice. Cet amour *à étoile & à destinée* ne sauroit être banni avec trop de soin des ouvrages d'esprit. Il est faux & hors de la nature; les peintures que l'on en fait sont souvent dangereuses pour les jeunes personnes. Il est doux de se voir adoré; il est doux d'enchaîner un amant sur ses pas, par le pouvoir irréfistible de ses charmes. L'amour-propre accoutume un jeune cœur à cette idée agréable. Que ne sacrifie-t-on pas pour conserver cet empire flatteur? Et ce sont ces sacrifices qui le détruisent. Une jeune personne bercée de cette chymère, dédaigne souvent un honnête homme qui l'aime & l'estime sans convulsions & sans grands mots, pour se livrer à un fat, qui semble ne l'adorer un instant que pour la méprifer le reste de sa vie. Que l'amour est touchant lorsqu'il est fondé sur la vertu! C'est

celui-là qu'il faut peindre & infpirer : il eft la
fource de tout le bonheur de la fociété. De lui
découlent tous les autres fentimens de la nature
qui font le bonheur de l'homme, ou qui adou-
ciffent fes maux. Mais l'amour fondé fur la vertu
ne fera point invincible, irréfiftible. Si l'on ne
peut poffëder l'objet qu'on aime, on cédera à l'autorité paternelle, aux lois, au devoir; & en le
perdant, on pourra en conferver un doux fouvenir; mais jamais une paffion furieufe, qui mette
fon honneur en danger, ou qui faffe pouffer l'extravagance jufqu'à attenter à fa propre vie. Un
amant qui fe tue parce qu'il ne peut poffëder fa
maîtreffe, eft un fou. Et fi les arts peignent un
fou, il faut que ce foit pour le rendre ridicule,
ou même odieux, fi fa folie eft dangereufe pour
la fociété : il faut que ce foit pour détourner de
fon exemple ceux qui feroient difpofés à l'imiter.

Fontenelle a remarqué que tout ce qui a un
air de hardieffe, d'élévation, d'indépendance,
flatte naturellement notre inclination, qui va toujours à donner plus à la force qu'à la raifon, &
au courage qu'à la prudence; & qu'au contraire

ce qui eſt régulier & ſage, a je ne ſais quoi de
froid qui, quelquefois même peut tomber dans le
ridicule. Je ne ſais ſi cette obſervation eſt bien
juſte. Il s'enſuivroit de-là, que les caractères
raiſonnables & vertueux feroient moins d'impreſſion que ceux des téméraires & des extravagans.
Il ſuffiroit peut-être pour décider de la juſteſſe de
cette obſervation, de comparer la différence du
ſentiment que produit le caractère d'Achille &
celui d'Iphigénie.

Les caractères raiſonnables & vertueux, en général, ſont peut-être moins ſaillans; parce que la
raiſon & la vertu paroiſſent être l'état naturel
de l'homme. Ils n'offrent rien d'extraordinaire:
il faut beaucoup d'art pour leur donner de la
force, du mouvement, de l'éclat. Pour cela, il
faut ſavoir faire naître des circonſtances propres à
les développer dans toute leur étendue ; leur
oppoſer des caractères méchans & vicieux, qui les
rélèvent & les faſſent ſortir de manière à attirer
ſur eux le principal intérêt. Ne perdons point de
vue, que le grand but des arts eſt non ſeulement
de plaire, mais auſſi d'être utile. Il eſt poſſible

que le caractère d'un scélérat, fasse la plus grande impreſſion ; mais ſi ce caractère n'eſt pas préſenté d'une manière relative à un but moral, le but de l'artiſte peut être rempli ; mais celui de l'art eſt manqué.

Dans Iphigénie Achille eſt impétueux, audacieux, téméraire. S'il étoit tel ſans avoir les plus grandes raiſons de l'être ; ſi le développement de ce caractère n'étoit pas lié à des vertus pour leſquelles le ſpectateur s'intéreſſe, ce caractère bouilland ſeroit froid & peut-être révoltant. Un jeune téméraire qui veut, lui ſeul avec quelques amis, s'oppoſer à une armée commandée par vingt Rois, qui brave & inſulte le chef de ces Rois, n'eſt en lui-même qu'un fou & un extravagant. S'il eſt là victime de ſa témérité, nous ne donnerons aucune larme à ſa mort. Mais ſi cette audace eſt excitée par l'amour d'un objet vertueux, auquel il eſt lié ſelon toutes les lois de la décence & de l'honneur ; ſi l'on a abuſé de ſon nom pour arracher de ſes bras cet objet intéreſſant ; s'il s'agit d'arracher à la mort la plus vertueuſe, la plus douce des princeſſes, la plus ſoumiſe des filles,

la plus tendre des amantes ; fi le fpectateur tremble pour les jours de cette princeffe, l'audace &
la témérité d'Achille feront fur lui la plus grande
impreffion ; fon caractère deviendra intéreffant par
la liaifon qu'il a avec l'honneur & l'intérêt de la
vertu ; & s'il fuccombe dans l'exécution de fon
projet téméraire, on verfera des larmes fur fon
malheur.

C'eft donc fur la vertu feule que doit tomber
le véritable intérêt dans tous les ouvrages de
l'art : c'eft cet intérêt qui doit nous diriger dans
l'invention de nos fujets, dans la diftribution des
plans, dans l'économie de nos ouvrages. Tout ce
que nous inventons hors de la vertu, ne doit fervir qu'à la faire briller davantage, ou à la rendre
plus intéreffante, ou à infpirer pour elle plus de
compaffion fi elle eft malheureufe.

Mais nous traiterons cette matière plus au
long dans notre Cours de littérature. Nous avons
voulu feulement donner ici une idée de la manière
dont les bons auteurs forment leurs plans, de ce
qui les détermine dans l'invention de leurs caractères & dans l'économie d'un ouvrage ; nous avons

voulu fuivre le fil des idées, qui lient entr'elles les parties principales d'un bon ouvrage ; nous avons voulu montrer comment le défaut de plan & d'économie produit de la confufion dans un ouvrage, & forme des monftres.

Paffons maintenant à la manière dont les idées principales fe développent dans un ouvrage quelconque, & fe lient aux acceffoires. Etudions l'art de trouver & de choifir ces acceffoires ; & apprenons à groupper les idées de la manière la plus avantageufe, la plus convenable & la plus agréable.

QUATRIÈME

QUATRIÈME EXERCICE.

S'IL y a de la difficulté à inventer un sujet, à déterminer des caractères, à ordonner les parties principales d'un ouvrage de la manière la plus propre à produire le meilleur effet possible; il y en a peutêtre plus encore à développer chacune de ces parties de la manière la plus agréable, & en même tems la plus convenable au but qu'on s'est proposé. L'invention est l'ouvrage de l'homme de génie, la disposition celui de l'homme de jugement, le développement celui de l'homme de goût. C'est la nature qui dispense à son gré toutes ces qualités, ou du moins c'est elle qui jette dans l'ame les sémences précieuses que l'art fait éclore; & sans lesquelles tous les efforts de l'art seroient inutiles.

Le développement des parties principales d'un ouvrage se fait par les accessoires. Par le mot *accessoire* je n'entends pas ici, comme les logiciens, des choses qui, quoique liées au sujet principal, s'en écartent cependant assez pour le faire perdre de vue. Au contraire ; dans les ouvrages de raisonnement, j'appelle acceſſoire tout ce qui modifie les idées principales de manière à leur prêter plus de clarté ; dans les ouvrages de goût, c'eſt tout ce qui donne de la vivacité, de l'éclat, du coloris, du caractère aux images que l'on veut repréſenter, tout ce qui rend plus vif le ſentiment qu'on veut peindre.

Chaque partie principale d'un ouvrage a ſes acceſſoires, chaque idée particulière peut avoir les ſiens.

Dans les uns & les autres, il eſt deux écueils à éviter ; le premier c'eſt le trop grand nombre d'idées acceſſoires, qui loin de jetter de la clarté ou de l'agrément ſur les idées principales, ne feroient au contraire que les rendre obſcures & déſagréables ; le ſecond ce ſont les acceſſoires vagues & éloignés, qui ne conviennent point à la choſe, ou ne la modifient que d'une manière froide & indéterminée. Suivons un inſtant un bon auteur dans un ouvrage de raiſonnement, & voyons comme il développe & modifie ſes idées principales.

Nous examinerons ici le commencement du diſcours de J. J. Rouſſeau *ſur l'origine & les fondemens de l'inégalité parmi les hommes.*

Rousseau commence par établir le sujet de la question. *Il s'agit de marquer dans le progrès des choses, le moment où le droit succédant à la violence, la nature fut soumise à la loi ; d'expliquer par quel enchaînement de prodiges le fort put se résoudre à servir le foible, & le peuple à acheter un repos en idée au prix d'une félicité réelle.*

Son discours se divise naturellement en deux parties.

Dans la première, il examinera s'il y a une inégalité sensible entre les hommes dans l'état de nature ; & ayant conclu pour la négative, la seconde partie montrera l'origine & les progrès de cette inégalité dans les développemens successifs de l'esprit humain, & dans l'établissement des sociétés.

Pour parvenir à la conclusion de la première partie ; il falloit considérer deux espèces de facultés dans l'homme naturel, celles du corps & celles de l'ame ; c'est-à-dire, examiner l'homme physique & l'homme moral, dans l'état de nature, & établir cette conclusion sur un nombre suffisant de raisonnemens & de preuves.

Nous allons fuivre Rouffeau dans la première divifion de la première partie de fon difcours; c'eft-à-dire, dans celle où il examine ce qu'étoit l'homme phyfique dans l'état de nature.

Rouffeau a fenti d'abord qu'il feroit fort néceffaire à l'éclairciffement de fa queftion, de favoir quelle a été l'origine de l'homme; mais, d'un autre côté, il a vu que cette origine fe perdoit dans la nuit des fiècles, & qu'il n'étoit pas poffible d'en tirer des principes qui puffent fervir de fondement à des raifonnemens folides; ainfi il a décidé qu'il ne chercheroit point de principes dans cette origine. Voici à peu près la forme fous laquelle cette penfée a du fe préfenter d'abord à fon efprit.

[*Première idée principale.*] „ Quoiqu'il foit très-important pour bien juger de l'état naturel de l'homme, de le confidérer dès fon origine; [*Seconde idée principale.*] je ne le ferai point, [*Troifième idée principale.*] parce que je ne faurois former fur ce fujet que des conjectures vagues; [*Quatrième idée principale.*] Ainfi je fuppoferai l'homme de tout tems tel qu'il eft aujourd'hui."

Voilà les parties principales de la pensée de Rousseau; il va développer celles qui doivent l'être.

Qu'est-ce que *considérer l'homme dès son origine ?* Cette idée pourroit paroître vague à bien des lecteurs. Est-ce rechercher comment s'opère sa génération, son accroissement; comment se développent ses facultés ? Est-ce examiner comment il s'est trouvé sur la terre ? Non; ce n'est point là la pensée de l'auteur; il va la développer par des accessoires relatifs à son but; & le lecteur ne sera plus dans l'incertitude.

Considérer l'homme dès son origine, comme il seroit nécessaire de le faire pour en tirer des principes relatifs à la manière dont s'est formée l'inégalité parmi les hommes; " c'est l'examiner, pour ainsi dire, dans le premier embryon de l'espèce; c'est suivre son organisation à travers ses développemens successifs; c'est rechercher dans le système animal ce qu'il put être au commencement, pour devenir ce qu'il est; c'est examiner si, comme le pense Aristote, ses ongles allongés ne furent point d'abord des griffes crochues; s'il n'étoit point velu comme un ours; & si, marchant à quatre pieds, ſes regards dirigés vers la terre, & bornés à un horiſon de quelques pas, ne marquoient point à la fois le caractère & les limites de ſes idées. "

Voilà l'idée principale développée de la manière la plus convenable au but. Une autre idée qui demande à être développée, c'eſt celle-ci : *je ne pourrois former ſur ce ſujet que des conjectures vagues.* Bien des lecteurs demanderont, pourquoi ? L'auteur va s'expliquer : " C'eſt parce que l'anatomie comparée a fait encore trop peu de progrès ; parce que les obſervations des naturaliſtes ſont encore trop incertaines. „

On dira encore : qu'entendez-vous par *ſuppoſer l'homme tel qu'il eſt aujourd'hui ?* Et R. préviendra cette queſtion, en joignant à ſon idée des acceſſoires qui la développent : " C'eſt le ſuppoſer conformé de tout tems, comme on le voit, marchant à deux pieds, ſe ſervant de ſes mains comme nous faiſons des nôtres ; portant ſes regards ſur toute la nature, & meſurant des yeux la vaſte étendue du ciel.

Ces idées ainfi arrangées, ainfi développées
dans la tête de l'auteur, il ne s'agiffoit plus que
de les rendre par le difcours ; & alors la chofe
étoit aifée.

" Quelqu'important qu'il foit, pour bien juger
„ de l'état naturel de l'homme, de le confidérer
„ dès fon origine, & *de l'examiner, pour ainfi*
„ *dire, dans le premier embryon de l'efpèce,* (a)

(a) Nous remarquerons ici en paffant que Rouffeau
a fu diftribuer fes acceffoires de manière à proportionner
entre elles les parties principales de l'expreffion. Après
avoir dit : *de l'examiner dans le premier embryon de l'efpèce,*
il auroit pu fuivre le même rapport en difant : *de fuivre*
fon organifation à travers fes développemens fucceffifs, de re-
chercher dans le fyftème animal ce qu'il put être au commen-
cement ; d'examiner fi, comme le penfe Ariftote, fes ongles
allongés ne furent point d'abord &c.   .   . s'il n'étoit point
velu &c. : mais l'expreffion de la feconde idée principale :
je ne le ferai point, auroit été trop courte relativement à la
longueur de la première. Rouffeau a donc rejetté fur
cette feconde idée une partie des acceffoires de la première, & au lieu d'accumuler tous les acceffoires dans
le même rapport & de dire enfuite, *je ne ferai point* tout
cela, ou quelque chofe de femblable ; il a mieux aimé dire :
je ne fuivrai point fon organifation &c., je ne m'arrêterai pas
à rechercher &c., je n'examinerai pas &c. De cette manière

„ je ne fuivrai point *fon organifation à travers fes*
„ *développemens fucceffifs ;* je ne m'arrêterai pas *à*
„ *rechercher dans le fyftème animal ce qu'il put*
„ *être au commencement, pour devenir enfin ce qu'il*
„ *eft ;* je n'examinerai pas *fi, comme le penfe*
„ *Ariftote, fes ongles alongés ne furent point d'a-*
„ *bord des griffes crochues ; s'il n'étoit point velu*
„ *comme un ours ; & fi, marchant à quatre pieds,*
„ *fes regards dirigés vers la terre, & bornés à un*
„ *horifon de quelques pas, ne marquo.ent point à*
„ *la fois le caractère & les limites de fes idées.* Je
„ ne pourrois former fur ce fujet que des conjec-
„ tures vagues & prefqu'imaginaires. *L'anatomie*
„ *comparée a fait encore trop peu de progrès, les*
„ *obfervations des naturaliftes font encore trop in-*
„ *certaines, pour qu'on puiffe établir fur de pareils*
„ *fondemens la bafe d'un raifonnement folide ;* ainfi,
„ *fans avoir recours aux connoiffances furnatu-*

les deux idées principales font mieux liées & plus rapprochées, toutes les parties principales de l'expreffion font
dans une jufte proportion, & le lecteur eft conduit infenfiblement jufqu'au but : *je fuppoferai l'homme tel qu'il*
eft ; but qui lui étoit indiqué dès le commencement par
le mot *quoique.*

„ *relles que nous avons sur ce point;* (*b*) *& sans*
„ *avoir égard aux changemens qui ont dû survenir*

b) *Ainsi, sans avoir recours aux connoissances surnaturelles que nous avons sur ce point . .* Cette idée ne paroît
pas suivre naturellement de ce qui précède; comme
semble l'indiquer le mot *ainsi*. De ce que Rousseau ne
pouvoit considérer l'homme dans son origine, de ce qu'il
ne vouloit pas suivre les progrès de son organisation, ni
rechercher dans le système animal ce qu'il put être au
commencement, on ne pouvoit conclure qu'il *n'auroit
point recours aux connoissances surnaturelles que nous
avons sur ce point;* au contraire, les lumières de la raison ne lui offrant que des conjectures vagues & imaginaires, il étoit naturel qu'il eût recours aux connoissances surnaturelles *que nous avons* sur ce point. Mais il
faut considérer que Rousseau écrivoit pour des Académiciens éclairés qui pouvoient le comprendre à demi
mot; & qu'il vouloit éviter probablement les accusations
des prêtres & des dévots. Pour les académiciens, la pensée
étoit: *Je ne m'arrêterai ici à aucune des choses qui ne me
fourniroient que des conjectures vagues & imaginaires,
ainsi je n'aurai point recours aux connoissances surnaturelles
que nous croyons avoir sur ce point.* S'il avoit développé ces
idées & qu'il en eût marqué plus sensiblement les rapports,
tous les académiciens auroient pu être de son avis; mais
il n'en auroit pas été de même de l'académie. Quant
aux prêtres mal-intentionnés, ils n'avoient rien à dire;
le *que nous avons sur ce point,* mettoit à même de ré-

„ *dans la conformation tant intérieure qu'extérieure*
„ *de l'homme, à mesure qu'il appliquoit ses mem-*
„ *bres à de nouveaux usages, & qu'il se nourrissoit*
„ *de nouveaux alimens,* (*c*) *je le supposerai con-*
„ *formé de tout tems,* comme je le vois aujour-
„ d'hui, *marchant à deux pieds, se servant de ses*
„ *mains comme nous faisons des nôtres, portant*
„ *ses regards sur toute la nature, & mesurant des*
„ *yeux la vaste étendue du ciel.*"

Continuons. (*Idées principales.*) L'homme tel
qu'il est conformé, sortant des mains de la nature,

pondre à leurs accusations, & on leur annonçoit qu'on
rejettoit les idées que l'Écriture nous donne de l'origine
de l'homme, non parce qu'on les croyoit fausses; mais
parce qu'on se proposoit d'examiner la question par les
seules lumières de la raison.

(*c*) *Ainsi* . . . *sans avoir égard aux changemens &c.*
je le supposerai &c. . . . Cette partie, *sans avoir égard &c.*
est l'abrégé de tous les accessoires de la première idée;
elle est mise ici pour rappeller tous ces accessoires, qui se
lient naturellement avec la quatrième idée principale *je le*
supposerai &c. & qui avoient été interrompus par le besoin de développer la troisième idée principale, *je ne*
pourrois former sur ce sujet que des conjectures vagues.

eſt organiſé plus avantageuſement que tous les autres animaux, pour ſatisfaire ſes beſoins.

1°. Qu'entendez - vous par *ſortant des mains de la nature?* Voulez - vous parler ſeulement de ſon corps, ou des qualités de ſon ame? Le ſuppoſez - vous avoir reçu des dons ſurnaturels? Lui ſuppoſez - vous la tache du péché originel, des idées innées, quelques idées acquiſes? Toutes ces idées ſont autant d'acceſſoires qui peuvent développer l'idée principale.

2°. Comment *l'homme eſt - il plus avantageuſement organiſé que tous les autres animaux,* lui qui n'a point d'armes pour défendre une proie qui lui eſt diſputée par tant d'animaux plus forts que lui?

Si l'auteur ſait écrire, il préviendra toutes ces queſtions; il déterminera ſes idées; il ne reſtera rien de vague. Voici comme R. s'explique:

« *En dépouillant cet étre,* ainſi conſtitué *de tous les dons ſurnaturels qu'il a pu recevoir, & de toutes les facultés artificielles qu'il n'a pu acquérir que par de longs progrès;* en le conſidérant en un mot tel qu'il a dû ſortir des mains de la nature, je vois un animal *moins fort que*

„ *les uns, moins agile que les autres ; mais à tout*
•• prendre, organisé le plus avantageusement de
„ *tous : je le vois se rassasiant sous un chéne, se*
„ *désaltérant au premier ruisseau, trouvant son lit*
„ *au pied du même arbre qui lui a fourni son repas :*
„ & voilà ses besoins satisfaits.

„ *La terre abandonnée à sa fertilité naturelle, &*
„ *couverte de foréts immenses que la coignée ne mu-*
•, *tila jamais, offre à chaque pas des magasins &*
•, *des retraites aux animaux de toute espèce. Les*
•• *hommes dispersés parmi eux , observent, imitent*
„ *leur industrie, & s'élevent ainsi jusqu'à l'instinct*
„ *des bétes, avec cet avantage que chaque espèce n'a*
„ *que le sien propre, & que l'homme n'en ayant*
» *peut-être aucun qui lui appartienne, se les appro-*
„ *prie tous, se nourrit également de la plupart des*
„ *alimens divers que les autres animaux se parta-*
„ *gent, & trouve par conséquent sa substance plus*
„ *aisément que ne peut faire aucun d'eux.*"

Rousseau a mis une juste proportion dans le
développement de ses idées. A chaque pensée, il
ajoute ce qui est nécessaire, & il ne dit rien de
plus. Dans le premier exemple, les idées princi-

pales étoient évidentes; il ne s'agissoit, pour ainsi dire, que d'expliquer dans quel sens on les entendoit, ou d'indiquer en gros les raisons générales sur lesquelles elles étoient fondées. Les accessoires y sont conformes; ils ne disent rien de plus.

Il n'en est pas de même ici : on avance une chose nouvelle, une chose dont la vérité ne frappe pas d'abord; une chose que bien des gens prendront pour un paradoxe. Il s'agit de montrer que *l'homme est organisé plus avantageusement que tous les autres animaux, pour satisfaire ses besoins.*

Cette proposition est la base de tout ce que l'auteur va prouver dans cette partie. Car s'il est vrai que, dans l'état de nature, l'homme soit organisé plus avantageusement que tous les autres animaux, il s'ensuivra de là que l'inégalité naturelle aura moins d'influence parmi les hommes, qu'elle n'en a parmi les animaux.

L'auteur va donc travailler à établir les preuves de cette proposition par plusieurs points principaux, qu'il développera d'une manière convenable.

Première Idée principale.

L'homme, dans l'état de la nature, forme &
développe fon corps d'une manière qui lui procure
un tempérament robufte & inaltérable.

Développement.

" Accoutumés dès l'enfance aux intempéries
de l'air, & à la rigueur des faifons, exercés à la
fatigue, & forcés de défendre, nus & fans armes,
leur vie & leur proie contre les autres bêtes
féroces, ou de leur échapper à la courfe, les
hommes fe forment un tempérament robufte &
prefqu'inaltérable. „

Première Raison.

" Les enfans apportent au monde l'excellence
conftitution de leurs pères, & la fortifiant par les
mêmes principes qui l'ont produite, acquièrent
ainfi toute la vigueur, dont l'efpèce humaine eft
capable , ...

DEUXIÈME RAISON.

« Le corps de l'homme sauvage étant le seul instrument qu'il connoisse, il l'emploie à divers usages dont, par le défaut d'exercice, les nôtres sont incapables; & c'est notre industrie qui nous ôte la force & l'agilité, que la nécessité l'oblige d'acquérir. „

Développement de cette deuxième raison.

« S'il avoit eu une hache, son poignet romproit-il de si fortes branches? S'il avoit eu une fronde, lanceroit-il de la main une pierre avec tant de roideur? S'il avoit eu une échelle, grimperoit-il si légèrement sur un arbre? S'il avoit eu un cheval, seroit-il si vîte à la course? Laissez à l'homme civilisé le tems de rassembler toutes ses machines autour de lui, on ne peut douter qu'il ne surmonte facilement l'homme sauvage; mais si vous voulez voir un combat plus inégal encore, mettez les nus & désarmés vis-à-vis l'un de l'autre, & vous reconnoîtrez bientôt quel est l'avantage d'avoir sans cesse toutes ses forces à sa dispofition, d'être toujours prêt à tout évènement, & de fe porter, pour ainfi dire, toujours tout entier avec foi. „

Deuxième Idée Principale.

L'homme fauvage apprend biéntôt à ne plus craindre les autres animaux.

Développement.

" Hobbes prétend que l'homme eft naturelle‑ ment intrépide, & ne cherche qu'à attaquer & combattre. Un philofophe illuftre penfe au con‑ traire, & Cumberland & Puffendorf l'affurent auffi, que rien n'eft fi timide que l'homme dans l'état de nature, & qu'il eft toujours tremblant & prêt à fuir au moindre bruit qui le frappe, au moindre mouvement qu'il apperçoit.

Cela peut être ainfi pour les objets qu'il ne connoît pas, & je ne doute point, qu'il ne foit effrayé par tous les nouveaux fpectacles qui s'of‑ frent à lui, toutes les fois qu'il ne peut diftinguer le bien ou le mal phyfique qu'il en doit attendre, ni comparer fes forces avec les dangers qu'il a à

courir;

courir; circonftances rares dans l'état de nature, où toutes chofes marchent d'une manière fi uni-forme, & où la face de la terre n'eft point fujette à ces changemens brufques & continuels, qu'y caufent les paffions & l'inconftance des peuples réunis. Mais l'homme fauvage, vivant difperfé parmi les animaux, & fe trouvant de bonne heure dans le cas de fe mefurer avec eux, il en fait bientôt la comparaifon, & fentant qu'il les fur-paffe plus en adreffe qu'ils ne le furpaffent en force, il apprend à ne les plus craindre, &c. &c.

.   .   .   .

TROISIÈME IDÉE PRINCIPALE.

L'enfance, la vieilleffe & les maladies ne met-tent pas l'homme fauvage dans un état plus def-avantageux que les autres animaux.

Développement de cette penfée.

« D'autres ennemis plus redoutables, & dont l'homme n'a pas les mêmes moyens de fe défendre, font les infirmités naturelles, l'enfance, la vieil-leffe & les maladies de toute efpèce; triftes fignes

M

de notre foiblesse, dont les deux premiers sont communs à tous les animaux, & dont le dernier appartient principalement à l'homme vivant en société. J'observe même au sujet de l'enfance, que la mère portant partout son enfant avec elle, a beaucoup plus de facilité à le nourrir que n'ont les femelles de plusieurs animaux, qui sont forcées d'aller & venir sans cesse avec beaucoup de fatigue, d'un côté pour chercher leur pâture, & de l'autre pour allaiter ou nourrir leurs petits. Il est vrai que, si la femme vient à périr, l'enfant risque fort de périr avec elle; mais ce danger est commun à cent autres espèces, dont les petits ne sont de longtems en état d'aller chercher eux-mêmes leur nourriture; & si l'enfance est plus longue parmi nous, la vie étant plus longue aussi, tout est encore à peu près égal en ce point . . . . Chez les vieillards, qui agissent & transpirent peu, le besoin d'alimens diminue avec la facilité d'y pourvoir; & comme la vie sauvage éloigne d'eux la goutte & les rhumatismes, & que la vieillesse est de tous les maux celui que les secours humains peuvent le moins soulager, ils s'éteignent enfin

fans qu'on s'apperçoive qu'ils ceffent d'être , &
prefque fans s'en appercevoir eux-mêmes. „ . . . .

De toutes ces idées principales ainfi développées l'auteur conclut ce qu'il avoit annoncé au
commencement, que l'homme eft organifé plus
avantageufement que les autres animaux.

Ceci fuffira pour nous montrer la manière
dont les idées principales fe développent par des
acceffoires, dans les ouvrages de raifonnement.
on aura remarqué fans doute, que l'on part d'un
point pour arriver à un but, & que l'on ne perd
jamais ce but de vue. Si les acceffoires, au lieu
de fe borner à développer les idées principales,
étoient développés eux-mêmes par d'autres acceffoires, & ceux-ci par d'autres encore, de manière à faire oublier le but; l'efprit du lecteur,
détourné fans ceffe de la route qu'on lui a indiquée d'abord, ne fauroit comment y revenir; fon
attention feroit portée fucceffivement d'un objet
à l'autre, & fa lecture deviendroit néceffairement
pénible & ennuyante.

CINQUIÈME EXERCICE.

Voyons maintenant le mauvais effet que font les acceſſoires, lorſqu'ils ſont pris ſans choix, employés ſans goût, accumulés ſans ordre, & qu'un auteur jette au hazard des mots vagues, ſans prendre la peine d'examiner ſi ce ſont des expreſſions.

Un Académicien (a) veut montrer, dans un mémoire ſur l'éloquence, que l'Orateur & le Poëte ont reçu de la nature des qualités particulières, qui forment en eux des caractères ſemblables, auxquels on peut les reconnoître. Voici comme il s'y prend.

« L'homme éloquent, ou que la nature a doué des qualités néceſſaires pour devenir un grand orateur, peut ſe diſtinguer, ce me ſemble, aux mêmes caractères, qui nous font connoître le vrai poëte. Il eſt frappé de tout. Tous les êtres

(a) Mr. Borelly, Profeſſeur d'éloquence & membre de l'académie de Berlin, premier mémoire ſur l'éloquence. Berlin 1774. pages 12 & 14.

lui font éprouver quelque fenfation. Il s'intéreffe
à tout ce qui eft dans la nature. Aucune idée
n'entre dans fon ame qu'elle n'y éveille un fentiment. Il parcourt l'univers d'un coup d'œil; & il
s'émeut à la préfence des objets dont il eft entouré.
Ses affections, font auffi durables que vives; & le
plaifir qu'il en reçoit lui eft précieux. Il s'abandonne à tout ce qui l'augmente. Il cherche des
couleurs, des traits ineffaçables pour donner un
corps aux fantômes mêmes, qui font l'ouvrage de
fon imagination, & qui la tranfportent ou qui
l'amufent. Il perce les abimes. Il vivifie la matière. Il colore la penfée. Il fe transforme dans
les perfonnages qu'il fait agir; & dans la chaleur
de fon enthoufiafme, il prend tous les caractères.
Entraîné par la fougue de fes penfées, livré tout
entier à la facilité de les combiner, forcé de produire, il s'élance d'un vol rapide vers une vérité
lumineufe, qui eft bientôt la fource de mille autres.
Il tire un principe fécond du fein des ténèbres,
& mefurant, par l'activité de la penfée, l'efpace
immenfe qu'il a devant lui, il part d'un point comme l'éclair; & déjà il touche à fon but. „

Reprenons ces acceſſoires & examinons leurs principaux défauts.

I.

Les acceſſoires ſont mauvais lorſque pluſieurs ſignifient à peu près la même choſe. C'eſt ce qu'on trouve ici; & il n'y a pas grande différence entre ces idées.

1. Il eſt frappé de tout.

2. Tous les êtres lui ſont éprouver quelque ſenſation.

3. Il s'émeut à la préſence des objets dont il eſt entouré.

4. Il s'intéreſſe à tout ce qui eſt dans la nature.

5. Aucune idée n'entre dans ſon ame qu'elle n'y éveille un ſentiment.

C'eſt preſque toujours la même penſée répétée cinq fois en termes à peu près ſynonimes.

Tout, tous les êtres, les objets dont on eſt entouré, tout ce qui eſt dans la nature, toutes les idées qui entrent dans l'ame.

Ces cinq expreſſions priſes dans le ſens que l'académicien leur donne dans les phraſes où il les emploie, ſignifient à peu près la même choſe.

Il en eſt de même des cinq expreſſions ſuivantes : *Il eſt frappé, il éprouve quelque ſenſation, il s'émeut, il s'intéreſſe, un ſentiment s'éveille dans ſon ame.* Et cela eſt ſi vrai que vous pouvez les ſubſtituer les unes aux autres ſans que le ſens en ſouffre beaucoup. Ainſi vous direz fort bien :

Il eſt frappé de tous les êtres.

Tout lui fait éprouver quelque ſenſation.

Il eſt frappé à la préſence des objets dont il eſt entouré.

Il s'émeut de tout, de tous les êtres, de tout ce qui eſt dans la nature ; de tout ce qui l'entoure.

Tout ce qui eſt dans la nature, le frappe, l'émeut, lui fait éprouver quelque ſenſation.

Toutes les idées qui entrent dans ſon ame le frappent, l'émeuvent, lui font éprouver quelque ſenſation, l'intéreſſent &c. &c.

Le Profeſſeur d'éloquence s'embaraſſe dans ſes idées à peu près comme le bourgeois gentilhomme de Molière quand il veut faire des complimens à ſa belle Marquiſe ; & ſes cinq phraſes reſſemblent aſſez à celles-ci de Monſieur Jourdain :

M iv

"Madame, ce m'eſt une gloire bien grande, de me voir aſſez *fortuné*, pour être ſi *heureux* que d'avoir le *bonheur* que vous ayez eu la bonté de *m'accorder la grâce*, de me *faire l'honneur* de *m'honorer de la faveur* de votre préſence.

2.

Ces acceſſoires ſont vagues & indéterminés.

On peut être frappé de tout, s'intéreſſer à toute la nature, s'émouvoir à la vue des objets & regarder comme quelque choſe de précieux le plaiſir qu'on éprouve, ſans être pour cela ni poète ni orateur. Ces choſes conviennent également au philoſophe, au phyſicien, à preſque tous les artiſtes. Les mauvais orateurs comme les bons *cherchent des couleurs, des traits ineffaçables pour donner un corps aux fantômes mêmes de leur imagination;* on ne peut donc pas regarder ces choſes comme les caractères diſtinctifs des bons poètes & des bons orateurs.

L'acteur ſe transforme auſſi dans les perſonnages qu'il fait agir, & dans la chaleur de ſon enthouſiaſme, il en prend tous les caractères.

Le bon peintre *s'émeut* aussi *à la vue des objets de la nature*, le plaisir qu'il en reçoit lui est précieux, il s'abandonne à tout ce qui l'augmente ; il cherche des couleurs, des traits ineffaçables, il vivifie la matière, il colore la pensée, il se transforme dans les personnages qu'il fait agir ; il est entraîné par la fougue de ses pensées, il est forcé de produire.

Le philosophe *parcourt* aussi *l'univers d'un coup d'œil*, il perce aussi *les abîmes* ; entraîné par la fougue de ses pensées, livré tout entier à la facilité de combiner, forcé de produire, il s'élance d'un vol rapide vers une vérité lumineuse, qui est bientôt la source de mille autres, il tire un principe fécond du sein des ténèbres ; & mesurant, par l'activité de la pensée l'espace immense qu'il a devant lui, il part d'un point comme l'éclair, & déjà il touche à son but.

Ainsi ces accessoires conviennent également au philosophe, au peintre, à l'acteur, aux artistes dans presque tous les genres ; *ils ne serviront donc point* comme le prétend l'académicien, *à nous faire reconnoître le grand orateur & le vrai poète.*

3.

Ces acceſſoires ſont accumulés ſans ordre.

Pour placer convenablement pluſieurs acceſſoires, qui ſervent à développer une penſée; il faut
avoir égard à la liaiſon qu'ils ont avec cette penſée, & à celle qu'ils ont entre eux.

Notre profeſſeur s'eſt peu embaraſſé de ces règles dictées par le bon ſens, il a entaſſé les mots
tels qu'ils ſe ſont préſentés à ſa mémoire. Après
que ſon orateur a été *frappé de tout;* il *parcourt
l'univers d'un coup d'œil* comme s'il n'avoit été
frappé de rien; & il ſemble n'avoir parcouru l'u-
nivers, que pour venir *s'émouvoir enſuite à la préſence des objets dont il eſt entouré*, & qui l'ont déjà
frappé, ému, intéreſſé. N'auroit-il pas été plus
naturel de lui faire voir les objets qui ſont autour
de lui, avant que de faire entreprendre à ſon coup-
d'œil le voyage de l'univers? Maintenant il paroît
avoir reçu toutes les *affections*, tous les *ſentimens*,
toutes les *ſenſations*, tous les *coups* que la nature
pouvoit lui faire éprouver; *ſes affections ſont durables, elles lui procurent un plaiſir précieux, il s'a-*

bandonne à tout ce qui l'augmente; il cherche des couleurs, des traits ineffaçables pour donner un corps à un fantôme, même de son imagination; mais oubliant tout-à-coup qu'il a *parcouru l'univers,* & que toute *la nature l'a frappé, pénétré, ému, intéressé;* il se remet en route pour aller *percer les abimes.* C'est là sans doute qu'il trouve les couleurs & les traits qu'il cherchoit tout à l'heure; car à peine a-t-il percé les abimes qu'on le voit *vivifier la matière, colorer la pensée; se transformer dans les personnages qu'il fait agir, & dans la chaleur de son enthousiasme en prendre tous les caractères.*

Vous croiriez peut-être que c'est la vivacité des pensées de l'orateur qui a produit toutes ces belles choses, qui a allumé son enthousiasme, conduit ses pinceaux, formé des traits ineffaçables; vous croyez peut-être que tout cela n'a pu se faire sans une grande facilité à combiner les idées: vous vous trompez; c'est seulement après tous ces prodiges que *l'orateur est entraîné par la fougue de ses pensées, & qu'il se livre tout entier à la facilité de les combiner;* c'est seulement après avoir produit tant d'effets merveilleux *qu'il est forcé de produire.* Cependant au lieu de produire, il entreprend un nouveau voyage & *s'élance d'un vol rapide vers une vérité lumineuse,* qu'il n'avoit trouvée ni dans son premier voyage de l'univers, ni dans les abimes qu'il avoit percés. Élancé vers cette *vérité lumineuse,* il se trouve tout d'un coup au *sein des ténèbres & en tire un principe fécond; puis il mesure par l'activité de sa pensée un espace immense qu'il a devant lui,* (on ne sait trop comment) *& partant comme l'éclair d'un point,* (qu'on ne conçoit point) il fait enfin un dernier voyage & *touche déjà à son but,* (qu'on a bien de la peine à deviner).

Quel galimathias! quel amas confus d'idées incohérentes & extravagantes! Voilà ce qui arrive toujours quand on se bat les flancs pour avoir de l'esprit malgré la nature; & que, quittant la route du bon sens, on prend pour l'enthousiasme du génie, les rêves monstrueux d'une imagination déréglée. Ce morceau est d'autant plus ridicule, qu'il y a une certaine affectation de style, un certain air de prétention qui contraste plaisamment avec le cahos des pensées. Ce sont *des couleurs, des traits, des fantômes qui ont un corps & qui* transportent l'imagination, l'univers parcouru, des abimes percés, une matière vivifiée, des penfées colorées, une fougue de penfées, de la chaleur, des éclairs, de l'enthoufiafme; on y trouve de tout excepté du bon fens.

Continuons & nous verrons l'auteur s'éloigner toujours de plus en plus du fentier de la raifon. Dès que la liaifon eft rompue, dès qu'on s'eft jetté dans un écart, on erre de tout côté pour retrouver le fil de fes idées, & on ne fait plus ce qu'on dit.

C'eft par là, dit notre profeffeur, *que l'orateur comme le poète, foumet les efprits & les cœurs, qu'il renverfe tout ce qui lui réfifte.* C'eft ainfi qu'il *étonne, frappe, ravit, enchante, c'eft par ces qualités réunies qu'il éclaire fon fiècle, qu'il honore fa nation, qu'il devient le modèle de la poftérité.*

Pour bien fentir le ridicule de la liaifon de ces deux morceaux, rapprochons-les, & voyons ce que dit l'auteur. " *Un orateur & un poète foumettent les efprits & les cœurs quand ils font frappés de tout, quand ils font entraînés par la fougue de leurs penfées, & qu'ils partent comme un éclair;* ils peuvent *étonner, frapper, ravir, enchanter lorf-*

qu'ils cherchent des couleurs, qu'ils percent des abî-mes, qu'ils tirent un principe du milieu des ténèbres, & qu'ils mesurent par leur pensée l'espace immense qu'ils ont devant eux. Il faut avouer qu'il n'y a pourtant dans tout cela rien de ravissant ni d'enchanteur. Dans tout ce que M. B. fait faire à l'orateur & au poète, il semble qu'ils se préparent plutôt à produire qu'ils ne produisent en effet. Il est vrai qu'ils ont *vivifié la matière & coloré la pensée,* mais tout cela est arrivé sans avoir produit, & même sans être disposé à le faire ; car ce n'est que trois lignes plus bas qu'ils se trouvent enfin *forcés de produire ;* & cependant au lieu de céder à cette violence & de produire enfin quelque chose, ils *s'élancent aussitôt dans le pays des idées lumineuses qui sont dans le sein des ténèbres ;* puis après s'être ainsi élancés & être arrivés, *ils partent encore* comme si de rien n'étoit. Et tous ces *voyages dans l'univers & dans les ténèbres,* tous *ces élance-mens,* tous *ces vols,* toute *cette fougue,* tous *ces départs,* ce sont des *qualités* par lesquelles on *éclaire son siècle,* on *honore sa nation,* & on de-vient le modèle de la postérité!

Aucun morceau ne pouvoit être plus propre à faire sentir dans quels écarts on peut tomber lorsqu'on écrit sans penser; lorsqu'on accumule des accessoires sans examiner s'ils conviennent ou non à l'idée qu'on veut développer, sans rechercher la liaison qui les unit entre eux & avec l'idée principale; lorsqu'on prend des mots & des sons pour des pensées.

SIXIÈME EXERCICE.

Dans les ouvrages d'agrément, les accessoires font plus difficiles à trouver que dans ceux de raisonnement. Dans ceux-ci, il ne faut que développer & filer les idées; dans les premiers, il faut peindre. Les ouvrages de raisonnement ne demandent que de la clarté & de l'enchaînement; ceux d'agrément exigent du coloris & des grâces, ce font des tableaux. Tout homme de bon fens, s'il met de l'ordre dans fes idées, & qu'il fache fa langue, peut faire un bon ouvrage de raisonnement; mais celui qui fait donner à un ouvrage de goût toutes les grâces dont il est susceptible, est un artiste, qui doit à la nature la plus grande partie de fon talent. Examinons la manière dont les idées principales font ornées dans quelques-uns de nos chef-d'œuvres. Il n'est point d'ouvrage qui puisse nous fournir de meilleurs modèles en ce genre que le Télémaque de l'immortel Fénélon.

Le

Le premier livre commence par la peinture de Calypſo plongée dans la triſteſſe depuis le départ d'Ulyſſe.

IDÉE PRINCIPALE.

Calypſo ne pouvoit ſe conſoler du départ d'Ulyſſe.

Où l'auteur prendra-t-il des couleurs pour rendre la triſteſſe de Calypſo plus ſenſible, pour la peindre avec les grâces de la belle nature? Ca‑lypſo eſt triſte & inconſolable, & cependant elle poſſède pluſieurs avantages qui paroiſſent devoir faire ſon bonheur. Elle eſt immortelle; mille Nymphes s'empreſſent à chaque inſtant autour d'elle; ſon iſle eſt un ſéjour délicieux, embelli par un printems éternel. Une grotte champêtre, or‑née de tous les dons de la nature, lui offre une re‑traite charmante.

Mais à quoi ſert l'immortalité quand on eſt plongée dans la douleur? à faire naître le déſeſ‑poir. L'eſpérance de la mort adoucit du moins les maux de ceux qui ſouffrent : les immortels ſont privés de cette eſpérance.

N

Les Nymphes qui servent Calypso ne pourront la consoler ni la distraire; elles la voient triste & abbatue, elles seront tristes aussi, elles n'osent lui parler.

Les beaux lieux qu'elle habite ne pourront modérer sa douleur; ils lui rappellent le souvenir d'Ulysse.

La douleur de Calypso semble se répandre sur tous les objets qui sont autour d'elle; elle est triste & dans sa grotte & hors de sa grotte.

Sa grotte ne résonne plus, comme autrefois du doux chant de sa voix. Si elle sort de sa grotte, c'est pour se promener seule livrée à sa douleur. Ulysse est parti, il s'est embarqué; elle a vu le vaisseau qui l'emportoit, s'éloigner de son isle & fendre les ondes. Sa mélancolie la ramènera souvent vers ce rivage fatal : elle jettera ses regards sur la vaste étendue des mers, du côté où le vaisseau d'Ulysse a disparu à ses yeux; là, son attendrissement redouble, des larmes coulent de ses yeux.

Quel ordre donnera-t-on à ces accessoires? Le plus naturel, & celui qui conviendra le mieux au but de l'auteur. Le plus grand avantage que possède Calypso, c'est l'immortalité. L'accessoire relatif à cette idée paroîtra le premier. Elle est triste dans sa grotte & hors de sa grotte; mais sa grotte est son habitation; c'est là qu'elle est le plus souvent; c'est là sur-tout que ses Nymphes sont rassemblées autour d'elle. On la représentera donc d'abord dans sa grotte. Ensuite elle paroîtra se promenant seule dans son isle. Ira - t - elle d'abord vers le rivage? Non, on la verra errer auparavant seule sur les gazons fleuris; mais lorsqu'elle sera arrivée vers le rivage, elle y restera immobile, tournée du côté où le vaisseau d'Ulysse a disparu à ses yeux.

Ce dernier accessoire est placé convenablement au but de l'auteur. Il veut faire arriver Télémaque, fils d'Ulysse, dans l'isle de Calypso; il l'a amenée naturellement au bord de la mer, du côté où le fils d'Ulysse fait naufrage, & elle le voit aborder dans son isle. De cette manière la tristesse de Calypso se lie à l'arrivée de Télémaque : on passe d'une idée à l'autre naturellement, doucement, & par des nuances qui se

fondent agréablement les unes dans les autres.
Voici le morceau :

„ Calypfo ne pouvoit fe confoler du départ
„ d'Ulyffe. Dans fa douleur elle fe trouvoit mal-
„ heureufe d'être immortelle (*a*). Sa grotte ne
„ réfonnoit plus du doux chant de fa voix. Les
„ Nymphes qui la fervoient, n'ofoient lui parler.
„ Elle fe promenoit fouvent feule fur les gazons
„ fleuris, dont un printems éternel bordoit fon
„ ifle. Mais ces beaux lieux, loin de modérer fa
„ douleur, ne faifoient que lui rappeller le trifte
„ fouvenir d'Ulyffe, qu'elle y avoit vu tant de

(*a*) Il faut remarquer ici que l'auteur ne s'arrête point
à développer comment l'immortalité étoit devenue à
charge à Calypfo; il indique cet acceffoire d'un feul trait,
& paffe rapidement à d'autres. Il veut peindre la fituation
de Calypfo de manière à la lier avec l'arrivée de Télémaque: fa peinture doit être vive & rapide. Il n'en
feroit pas de même s'il faifoit parler Calypfo elle-même.
Les malheureux aiment à exagérer la douleur qu'ils
éprouvent; leur fenfibilité en augmente toutes les circonftances; Calypfo auroit accufé les Deftins; elle auroit
défiré le fort des mortels qui voient une fin à leurs
maux; elle auroit peint la mort d'une manière conforme
à fon défefpoir.

„ fois auprès d'elle (*b*). Souvent elle demeuroit
„ immobile fur le rivage de la mer, qu'elle arro-
„ foit de fes larmes, & elle étoit fans ceffe tour-
„ née vers le côté où le vaiffeau d'Ulyffe, fendant
„ les ondes, avoit difparu à fes yeux. Tout-à-coup
„ elle apperçoit les débris d'un navire qui venoit
„ de faire naufrage (*c*), des bancs de rameurs

(*b*) *Souvent . . . .* C'eft à deffein que l'auteur la repréfente *fouvent* immobile fur le rivage. Sa douleur rend
cette fituation naturelle ; elle donne un plus grand
degré de vraifemblance aux circonftances de l'arrivée
de Télémaque. Si Calypfo n'alloit que quelquefois fur
ce rivage, fi elle n'aimoit pas à y aller *fouvent*, à s'y arrêter *fouvent*, à y demeurer *fouvent* immobile, ce feroit
un hazard qu'elle y eût été précifément au moment du
naufrage de Télémaque.

(*c*) *Tout à coup elle apperçoit &c.* Voici une nouvelle
idée principale, qui va devenir plus fenfible par des
acceffoires. On voit ça & là *des bancs de rameurs mis en
pièces, des rames écartées fur le fable ; un gouvernail, un
mât, des cordages flottant fur la côte.* Tous ces acceffoires
rendent le naufrage plus fenfible, ils font image. Le
tableau n'eft qu'efquiffé ; il s'agit de faire arriver Télémaque. C'eft le but de l'auteur ; il y court rapidement,
s'arrêter fur la route qui y conduit ; ce feroit s'en
écarter. Envain l'art fémeroit des fleurs fur les fentiers

„ mis en pièces, des rames écartées çà & là fur

„ le fable, un gouvernail, un mât, des cordages

„ flottant fur la côte. Puis elle découvrit de loin

„ deux hommes, dont l'un paroiſſoit âgé; l'autre,

„ quoique jeune, reſſembloit à Ulyſſe (d). Il

„ avoit fa douceur & ſa fierté, avec fa taille &

„ fa démarche majeſtueuſe. La déeſſe comprit que

„ c'étoit Télémaque, fils de ce héros. Mais quoi-

détournés que l'on voudroit prendre; ces ornemens feroient condamnés par le bon goût. Il exige que le poème commence le plutôt qu'il eſt poſſible; c'eſt-à-dire que les principaux acteurs ſoient connus dès le commencement. En effet ils le ſont dans Télémaque. Dès la première page on connoit Calypſo, Ulyſſe, Télémaque, Mentor, les Nymphes de Calypſo, on a une idée de l'iſle charmante où règne la Déeſſe.

(d) En quoi reſſembloit-il à Ulyſſe? Ce n'eſt point ici cet Ulyſſe tel que le peignent ſes ennemis & les Grecs eux-mêmes ſes alliés; ce n'eſt point le ruſé, l'artificieux Ulyſſe; c'eſt Ulyſſe peint par une amante dont le cœur eſt encore plein de l'image qui l'a ſéduite. Les traits qui vont le caractériſer feront conformes aux ſentimens d'un cœur amoureux; elle voit le fils d'Ulyſſe tel qu'elle a vu ſon père, avec une phyſionomie mêlée de douceur & de fierté; elle le voit avec cette taille & cette démarche majeſtueuſe qui l'a charmée.

„ que les dieux furpaffent de loin en connoiffance
„ tous les hommes, elle ne put découvrir qui
„ étoit cet homme vénérable dont Télémaque
„ étoit accompagné. C'eft que les dieux fupérieurs
„ cachent aux inférieurs tout ce qu'il leur plaît;
„ & Minerve qui accompagnoit Télémaque fous
„ la figure de Mentor, ne vouloit pas être connue
„ de Calypfo. "

Pour mieux fentir les beautés qui naiffent du choix de ces acceffoires mettons-en d'autres à leur place, ou changeons feulement l'ordre dans lequel ils font placés; nous verrons difparoître auffitôt la clarté, la beauté, l'élégance, l'intérêt; & l'efprit fautera défagréablement d'idées en idées. Tel feroit, par exemple, le morceau fuivant:

„ Calypfo ne pouvoit fe confoler du départ d'Ulyffe. Elle paffoit les jours & les nuits dans la trifteffe. Souvent elle fe promenoit feule dans les prés fleuris qui embelliffoient fon ifle; mais fa trifteffe l'empêchoit de jouir des beautés de la nature. Quelquefois elle demeuroit immobile fur le rivage de la mer. Seule dans fa grotte, elle ne s'entretenoit plus avec fes Nymphes,

& celles - ci n'ofoient lui parler, Que je fuis malheureufe, difoit-elle quelquefois, que je fuis malheureufe d'être immortelle ! Les dieux en m'accordant l'immortalité, ce préfent envié des mortels infenfés, ont rendu mon malheur fans remède; la mort, affreufe pour les humains, feroit pour moi le plus doux des biens; elle finiroit tous mes maux. Un jour Calypfo vit approcher deux hommes, dont l'un paroiffoit âgé; l'autre, quoique jeune, reffembloit à Ulyffe...

Il n'y a plus de liaifon entre les idées; elles ne font plus filées. Pourquoi Calypfo déplore-t-elle fon malheur? à quoi cela conduit-il? A rien. Quand on a fini de lire ces plaintes, & qu'on commence la phrafe fuivante: *Un jour Calypfo vit approcher deux hommes;* il femble que l'on commence un nouvel ouvrage, & tout ce qui a été dit auparavant eft pour ainfi dire oublié, parce qu'on n'en fent pas la liaifon avec ce qu'on lit alors. Comment ces hommes font-ils venus dans cette ifle? Sont-ils tombés des nues? Il n'y a rien qui ait pu engager l'auteur à laiffer ici l'efprit du lecteur en fufpens.

Dans Télémaque, la douleur de Calypſo la conduit naturellement ſur le rivage, vers ces lieux où elle
a vu diſparoître le vaiſſeau d'Ulyſſe. Là, le naufrage & l'arrivée de Télémaque ſe lie avec la
ſituation de la déeſſe, & on paſſe agréablement
de l'une à l'autre.

La deſcription de '. grotte de Calypſo eſt encore un de ces tableaux charmans dont tous les
détails annoncent un grand maître. L'iſle de Calypſo eſt un ſéjour champêtre; ſa grotte en con-
ſervera le caractère; elle aura une apparence de
ſimplicité ruſtique, mais en même tems, elle offrira tout ce qui peut charmer les yeux. Il n'y
aura donc ni or, ni argent, ni marbre, ni colon-
nes, ni tableaux, ni ſtatues; mais elle ſera taillée
dans le roc, tapiſſée d'une jeune vigne, & les zéphirs y entretiendront une fraîcheur délicieuſe.

Deux choſes peuvent encore contribuer à la
beauté de cette grotte: les commodités & les
agrémens qu'elle offre dans les environs; & la
vue ſuperbe & variée dont on peut jouir quand on
s'y repoſe. Le poète va donc peindre ces deux
parties.

Autour de la grotte, on trouvera des bains délicieux; des tapis de fleurs qui charmeront la vue & l'odorat; des bois d'orangers qui offriront en même tems des fruits excellens, des fleurs continuelles qui répandront le plus doux parfum, & un ombrage impénétrable aux rayons du foleil. Le chant des oifeaux & le bruit d'un ruiffeau acheveront le tableau des environs de la grotte.

Quant à la vue; le poëte commencera par placer la grotte dans un endroit d'où l'on puiffe découvrir toutes les beautés que fon génie va peindre. Elle fera fituée fur le penchant d'une colline. C'eft dans une ifle que cette grotte eft fituée: on découvrira donc la mer, & toutes les fcènes variées qu'offre fans ceffe le jeu mobile de fes eaux. D'un autre côté, une rivière préfentera un fpectacle d'un autre genre. Des montagnes de formes diverfes offrent deux coups d'œils différens. Les unes dans le lointain, forment des figures bizarres qui fe perdent dans les nues; les autres voifines de la cabane, réjouiffent la vue par le fpectacle des biens dont elles font couvertes. Quand le poëte a ainfi diftribué fes maffes d'une manière naturelle, il développe chacune de ces parties; & les idées les plus convenables viennent d'elles-mêmes se réunir à celles avec lesquelles elles ont le plus de rapport. Voici le morceau:

„ On arrive à la porte de la grotte de Ca-
„ lypso, où Télémaque fut surpris de voir, avec
„ une apparence de simplicité rustique, tout ce
„ qui peut charmer les yeux. Il est vrai qu'on
„ n'y voyoit ni or, ni argent, ni marbre, ni co-
„ lonnes, ni tableaux, ni statues; mais cette
„ grotte étoit taillée dans le roc, en voûtes plei-
„ nes de rocailles & de coquilles. Elle étoit ta-
„ pissée d'une jeune vigne qui étendoit également
„ ses branches souples de tous côtés (e). Les
„ doux zéphirs conservoient en ce lieu, malgré
„ les ardeurs du soleil, une délicieuse fraîcheur.
„ Des fontaines, coulant avec un doux murmure
„ sur des prés semés d'amaranthes & de violettes

(e) Comme l'imagination du poète s'est représenté agréablement cette vigne! Comme les accessoires qu'il emploie pour la peindre sont vrais & grâcieux! Il l'a vue *tapissant* tout l'intérieur de la grotte; il a vu ses branches *souples* s'étendre *également* de tous côtés.

„ formoient en divers lieux des bains auffi purs
„ que le criftal. Mille fleurs naiffantes émail-
„ loient les tapis verds dont la grotte étoit envi-
„ ronnée. Là, on trouvoit un bois de ces arbres
„ touffus, qui portent des pommes d'or, & dont la
„ fleur, qui fe renouvelle dans toutes les faifons,
„ repand le plus doux de tous les parfums (*f*).
„ Ce bois fembloit couronner les belles prai-
„ ries (*g*), & formoit une nuit que les rayons du

(*f*) En peu de mots l'auteur réunit ici tout ce qui
fait de l'oranger un arbre charmant & précieux ; la
beauté & la bonté des fruits, le parfum des fleurs qui
l'ornent en même tems dans toutes les faifons, l'ombrage frais & délicieux formé par fon feuillage épais.

(*g*) Après avoir peint tous les charmes du bois
d'orangers en lui-même, le poète en rapproche l'image
des belles prairies qu'il vient de peindre; & grouppant
agréablement ces deux objets, il en réfulte un nouveau
charme, qu'ils fe prêtent mutuellement. Il eft agréable
après s'être repréfenté ce beau bois d'orangers, de le
voir couronner les prairies émaillées de fleurs; & ces
prairies elles-mêmes offrent encore un fpectacle plus
raviffant, lorfqu'on voit le bois d'orangers élever au
milieu d'elles fes touffes épaiffes ornées de fleurs & de
fruits.

„ foleil ne pouvoient percer. Là, on n'entendoit
„ jamais que le chant des oifeaux, ou le bruit
„ d'un ruiffeau, qui, fe précipitant du haut d'un
„ rocher, tomboit à gros bouillons pleins d'écu-
„ me, & s'enfuyoit au travers de la prairie. „

“ La grotte de la déeffe étoit fur le penchant
„ d'une colline. De là, on découvroit la mer
„ quelquefois claire & unie comme une glace,
„ quelquefois follement irritée contre les rochers,
„ où elle fe brifoit en gémiffant, & élévant fes
„ vagues comme des montagnes. D'un autre côté,
„ on voyoit une rivière, où fe formoient des ifles
„ bordées de tilleuls fleuris, & de hauts peupliers
„ qui portoient leurs têtes fuperbes jufque dans
„ les nues. Les divers canaux qui formoient les
„ ifles, fembloient fe jouer dans la campagne. Les
„ uns rouloient leurs eaux claires avec rapidité;
„ d'autres avoient une eau paifible & dormante;
„ d'autres, par de longs détours, revenoient fur
„ leurs pas, comme pour remonter vers leur
„ fource; & fembloient ne pouvoir quitter ces
„ bords enchantés. On appercevoit de loin des
„ collines & des montagnes, qui fe perdoient

„ dans les nues, & dont la figure bizarre formoit
„ un horifon à fouhait pour le plaifir des yeux.
„ Les montagnes voifines étoient couvertes de
„ pampres verds, qui pendoient en feftons. Le
„. raifin plus éclatant que la pourpre ne pouvoit
„ fe cacher fous les feuilles, & la vigne étoit ac‑
„ cablée fous fon fruit. Le figuier, l'olivier, le
„ grénadier & tous les autres arbres couvroient la
„ campagne, & en faifoient un grand jardin.

Finiffons cet exercice par la defcription la plus
belle peut‑être & la plus déplacée de notre théâtre.
Je veux dire celle de la mort d'Hyppolite faite par
Théramène fon gouverneur.

IDÉES PRINCIPALES.

Nous fortions triftement de Trézène, lorfqu'un
monftre vomi par les flots s'avance vers le char
d'Hyppolite. Le héros lui lance un dard & le
bleffe; l'animal furieux vient tomber en mugiffant
aux pieds des chevaux. Ils s'effraient, ils empor‑
tent le char à travers les rochers; le char fe brife,
Hyppolite tombe embarraffé dans les rênes....

DESCRIPTION.

A peine nous fortions des portes de Trézène.
Il étoit fur fon char. Ses gardes affligés
Imitoient fon filence, autour de lui rangés.
Il fuivoit tout penfif le chemin de Mycènes;
Sa main fur fes chevaux laiffoit flotter les rênes. (e)
Ses fuperbes courfiers, qu'on voyoit autrefois
Pleins d'une ardeur fi noble obéir à fa voix,
L'œil morne maintenant, & la tête baiffée,
Sembloient fe conformer à fa trifte penfée. (f)

(e) Les gardes n'ofent parler à Hyppolite. Ils refpectent
fa trifteffe. Nous avons vu les Nymphes de Calypfo avoir le
même refpect pour fa douleur. L'auteur commence par groupper les principales figures du tableau. C'étoit en fortant de la
ville, *Hyppolite étoit fur fon char; fes gardes étoient rangés triftement autour de lui.* Enfuite il donne à la figure principale le caractère qui lui convient. *Hyppolite fuivoit, tout penfif, le chemin
de Mycènes,* il oublioit même de diriger fes chevaux, & fa main
laiffoit flotter négligemment les rênes.

(f) L'air trifte & abbatu des chevaux d'Hyppolite concourt
parfaitement bien à répandre un caractère général fur tous les
objets du tableau. Après avoir vu Hyppolite trifte, & abbatu,
laiffant flotter négligemment les rênes fur fes chevaux; après
avoir vu fes gardes rangés autour de lui & garder un morne

Un effroyable cri forti du fein des flots

Des airs, en ce moment, a troublé le repos;

Et du fein de la terre une voix formidable

Répond en gémiffant à ce cri redoutable. *(k)*

Jufqu'au fond de nos cœurs notre fang s'eft glacé,

Des courfiers attentifs le crin s'eft hériffé, *(l)*

Cepen-

filence; ce feroit quelque chofe de défagréable de voir des che‑
vaux lever fièrement la tête & traîner avec une noble ardeur le
char de leur maître; cette partie du tableau romproit l'unité de
fentiment qui doit régner dans l'expreffion. Il falloit ou fup‑
primer entièrement cet acceffoire, ou le rendre d'une manière
conforme au fentiment général.

(k) C'eft un prodige qui va s'opérer; c'eft un monftre tel
qu'on n'en vit jamais; un monftre envoyé exprès par Neptune
contre Hyppolite. Il eft naturel de préparer cet évènement par
des fignes extraordinaires. Le monftre va fortir du fond des
flots; c'eft auffi du fond des flots qu'un cri affreux va annoncer
fa venue à la terre; & la terre effrayée répondra en gémiffant
à ce cri.

(l) Hyppolite alloit être abandonné des fiens; feul il alloit
fe défendre contre le monftre. Le poète prépare cet abandon
général par la terreur que les prodiges infpirent à tous ceux qui
l'accompagnent. C'eft un dieu lui-même qui par des prodiges
effrayans glace leur fang dans le fond de leurs cœurs; c'eft un
dieu qui veut qu'Hyppolite foit expofé feul à la fureur du monf‑

Cependant, fur le dos de la plaine liquide

S'élève à gros bouillons une montagne humide;

L'onde approche, fe brife, & vomit à nos yeux

Parmi des flots d'écume un monftre furieux. (*m*)

Son front large eft armé de cornes menaçantes.

Tout fon corps eft couvert d'écailles jauniffantes.

tre qui va paroître. Quand le monftre paroîtra; s'il eft tel que les fignes l'ont annoncé, on ne fera point étonné de voir les compagnons d'Hyppolite forcés, pour ainfi dire, par un pouvoir divin, à prendre la fuite.

La fituation change; l'expreffion de quelques perfonnages va changer auffi. Hyppolite eft trop occupé de fa douleur pour être effrayé de ce cri; il refte dans la même attitude; toujours plongé dans la rêverie. Mais l'effroi fe peint fur ceux qui l'environnent; les courfiers deviennent attentifs; leurs crins fe hériffent; ils commencent à être effrayés; ils font conduits fucceffivement à cet état de frayeur, où, fourds à la voix de leur maître ils emporteront fon char à travers les rochers.

(*m*) La gradation des idées fait ici un effet admirable. Une montagne humide s'élève d'abord fur la plaine des mers; elle approche, fe brife, & vomit le monftre. Voilà le monftre, il faut le peindre d'une manière qui lui convienne. C'eft un dieu qui l'envoie, contre un héros accoutumé à vaincre des monftres. Ce ne fera donc point un monftre ordinaire; on raffemblera dans la peinture que l'on en fera, tout ce qui peut contribuer à le rendre affreux & épouvantable; il fera tel que l'ont annoncé les cris effroyables qui ont précédé fa venue.

O

Indomptable taureau, dragon impétueux;

Sa croupe fe recourbe en replis tortueux.

Ses longs mugiffemens font trembler le rivage.

Le ciel avec horreur voit ce monftre fauvage.

La terre s'en emeut, l'air en eft infeété.

Le flot qui l'apporta recule épouvanté. (*n*)

Tout fuit, & fans s'armer d'un courage inutile

Dans le temple voifin chacun cherche un afyle.

Hyppolite lui feul, digne fils d'un héros,

Arrête fes courfiers, faifit fes javelots,

Pouffe au monftre, &, d'un dard lancé d'une main fûre,

Il lui fait dans le flanc une large bleffure.

De rage & de douleur le monftre bondiffant

Vient aux pieds des chevaux tomber en mugiffant,

Se roule, & leur préfente une gueule enflammée,

Qui les couvre de feu, de fang & de fumée.

(*n*) Dès que le monftre paroît; le fpeétateur effrayé ne voit
que lui, il n'apperçoit plus ni la terre ni les flots; il auroit été
mal-adroit de peindre ici le flot qui a apporté le monftre recu-
lant d'effroi. Mais à peine l'a-t-on confidéré, qu'on détourne la
vue plein de terreur & d'effroi; alors feulement on voit fuir le
flot qui l'a apporté; & la frayeur dont on eft préoccupé lui prête
le fentiment d'épouvante que l'on éprouve foi-même.

La frayeur les emporte, &, fourds à cette fois,
Ils ne connoiffent plus ni le frein ni la voix.
En efforts impuiffans leur maître fe confume.
Ils rougiffent le mords d'une fanglante écume.
On dit qu'on a vu même, en ce défordre affreux,
Un Dieu qui d'aiguillons preffoit leur flanc poudreux,
A travers les rochers la peur les précipite,
L'effieu crie & fe rompt. L'intrépide Hyppolite
Voit voler en éclats tout fon char fracaffé,
Dans les rênes lui-même il tombe embaraffé (o) &c....

(o) On peut remarquer encore dans ces vers comme les idées font placées dans la gradation de la nature. Les chevaux d'Hyppolite font effrayés, il commence *par les arrêter; il prend fes javelots, il pouffe au monftre, tire, le bleffe.* Le monftre *bondit, tombe, fe roule & préfente une gueule enflammée.* Les chevaux font emportés par la frayeur; on veut les retenir, ils font *fourds, ils mordent leur frein, ils écument, ils fe précipitent à travers les rochers.* L'effieu *crie & fe rompt,* le char *fe brife;* Hyppolite tombe &c. . . .

SEPTIÈME EXERCICE.

Monsieur de Voltaire a dit au sujet de Pradon & de Racine : „ Quand il s'agit de faire „ parler les paſſions, tous les hommes ont preſque „ les mêmes idées ; mais la façon de les exprimer „ diſtingue l'homme d'eſprit d'avec celui qui n'en „ a point, l'homme de génie d'avec celui qui „ n'a que de l'eſprit, & le poète d'avec celui qui „ veut l'être. „

Il eſt vrai que dans deux auteurs l'un bon & l'autre mauvais qui traitent le même ſujet, le fond des idées, (c'eſt-à-dire les idées principales,) eſt à peu près le même ; mais il y a de la différence dans le choix des acceſſoires, dans la manière de les concevoir & de les ordonner, même avant que de les exprimer ; & c'eſt de ce choix & de cet ordre que dépendent ſur-tout la beauté, la vérité, la clarté de l'expreſſion. Quand on ſait ſa langue, on ne s'exprime mal que parce que l'on penſe mal. M. de Voltaire rapporte à cette occaſion la déclaration d'Hyppolite à Aricie telle qu'elle se trouve dans la Phèdre de Pradon & dans celle de Racine. Nous allons rapprocher ces deux morceaux; & nous tâcherons de montrer que si leur différence consiste dans l'expression; c'est en grande partie, parce que l'expression dépend de la manière de concevoir.

IDÉES PRINCIPALES.

„ Hyppolite vaincu par l'amour, est sans cesse occupé de l'image d'Aricie; il oublie la chasse, qui faisoit autrefois ses plus doux plaisirs.''

C'est à Aricie qu'Hyppolite déclare cette passion. Ce jeune héros est connu par son aversion pour les femmes; Aricie doit penser qu'il est toujours insensible à la tendresse & qu'il brave les traits de l'Amour. Le premier soin de l'amant doit être de la désabuser; & les idées relatives à ce but paroîtront les premières. Ainsi un poëte accoutumé comme Racine à puiser ses idées dans la nature pourra commencer ainsi:

Vous voyez devant vous un prince déplorable,
D'un téméraire orgueil exemple mémorable.

Moi qui, contre l'amour fièrement révolté,
Aux fers de ses captifs ai longtems infulté;
Qui, des foibles mortels déplorant les naufrages,
Penfois toujours du bord contempler les orages;
Affervi maintenant fous la commune loi,
Par quel trouble me vois-je emporté loin de moi? (a)
Un moment a vaincu mon audace imprudente,
Cette ame fi fuperbe eft enfin dépendante,

Lorfqu'Aricie eft défabufée, la déclaration eft préparée; il va la faire; il va peindre fa paffion de manière que cette peinture fera liée avec ce qui précède. Cette paffion fera affez forte pour prêter plus de vraifemblance à fon changement. Il en a rougi lui-même; il eft honteux, défepéré; il a fait des efforts pour arracher le trait dont fon cœur eft déchiré. Efforts inutiles; la paffion l'emporte, l'image d'Aricie le fuit par tout; & l'amour eft vainqueur,

Depuis près de fix mois, honteux, défefpéré,
Portant par-tout le trait dont je fuis déchiré,
Contre vous, contre moi, vainement je m'éprouve.
Préfente je vous fuis, abfente je vous trouve.

Dans le fond des forêts votre image me fuit.

La lumière du jour, les ombres de la nuit,

Tout retrace à mes yeux les charmes que j'évite;

Tout vous livre à l'envi le rébelle Hyppolite.

Moi-même pour tout fruit de mes foins fuperflus

Maintenant je me cherche, & ne me trouve plus.

Aricie doit être attendrie par la peinture de l'amour d'Hyppolite; ce héros farouche, occupé fans ceffe à pourfuivre les bêtes féroces dans les forêts, ne doit plus lui paroître odieux; fi elle n'a point conçu d'amour pour lui, elle doit du moins avoir de la pitié. Hyppolite ofera alors parler de chaffe, de courfiers, d'arcs, de chars, de javelots, à une princeffe dont l'image lui a fait oublier toutes ces chofes qui lui étoient fi chères. Cependant craignant bientôt que l'idée de ces exercices fauvages, n'éloigne de lui le cœur de fon amante, il femble fe reprocher de les avoir nommés. Ces idées font arrangées avec une adreffe admirable, & dans l'ordre où la nature devoit les infpirer à un amant vraiment épris:

Mon arc, mes javelots, mon char, tout m'importune.

Je ne me souviens plus des leçons de Neptune.

Mes seuls gémissemens font retentir les bois,

Et mes coursiers oisifs ont oublié ma voix.

Peut-être le récit d'un amour si sauvage

Vous fait, en m'écoutant, rougir de votre ouvrage.

D'un cœur qui s'offre à vous quel farouche entretien!

Quel étrange captif pour un si beau lien! &c . . .

Pradon au contraire fait commencer Hyppolite par où Racine le fait finir. Sans songer que la peinture sauvage de la chasse est peu propre à faire naître le sentiment de l'amour dans le cœur d'une jeune princesse; c'est par là qu'il se plaît à commencer sa déclaration. Il semble s'arrêter avec complaisance sur les détails qui doivent prévenir contre lui; il se peint d'abord *solitaire, farouche, chassant dans les forêts les lions & les ours;* & après avoir rappellé ces idées dans un assez grand détail, relativement à la longueur du morceau; il ne dit que deux mots de son amour, & de la manière la plus froide & la moins passionnée. Il suffisoit d'avoir ainsi ordonné ses idées pour faire un morceau complétement ridicule. Voici comme Pradon s'exprime :

Aſſez & trop longtems, d'une bouche profane
Je mépriſai l'amour & j'adorai Diane. (*a*)
Solitaire, farouche, on me voyoit toujours
Chaſſer dans nos foréts les lions & les ours.
Mais un ſoin plus preſſant m'occupe & m'embarraſſe :
Depuis que je vous vois, j'abandonne la chaſſe. (*b*)

(*a*) Hyppolite étoit connu par ſa haine contre les femmes. Deux mots ne ſuffiſoient pas, pour faire croire à Aricie qu'il étoit changé. Racine a ſenti qu'il falloit développer cette penſée.

(*b*) Si Pradon avoit réfléchi ſur la ſituation d'un amant vivement épris qui trouve une occaſion favorable de déclarer ſon amour; s'il avoit pu ſe mettre lui-même un inſtant à la place d'Hyppolite; il ne lui auroit jamais fait dire ces vers ſi froids & ſi ridicules. Ce n'eſt pas l'expreſſion ici qui eſt mauvaiſe, c'eſt réellement la penſée. Dans la tête de Pradon l'amour d'Hyppolite n'étoit qu'un *certain ſoin inquiet & preſſant qui l'occupoit & l'embaraſſoit;* dans l'eſprit de Racine, c'eſt une bleſſure profonde, faite dans le cœur de ce héros, c'eſt *un trait qui le déchire &* qu'il porte par tout; c'eſt une image qui le pourſuit ſans ceſſe. En liſant ce vers :

Depuis que je vous vois j'abandonne la chaſſe.

On s'imagine entendre un petit-maître qui fait des efforts pour dire une jolie choſe à une élégante.

Elle fit autrefois mes plaifirs les plus doux;
Et quand j'y vais, ce n'eft que pour penfer à vous.

Voici encore deux morceaux où l'on pourra voir que la différence entre un bon & un mauvais auteur, confifte fouvent dans le choix & l'arrangement des acceffoires. Dans la tragédie de Mariamne par Voltaire, lorfqu'Hérode apprend que Mariamne eft morte, & qu'on a exécuté fes ordres cruels, fa raifon femble d'abord s'égarer, puis, revenant à lui, il s'écrie:

Quoi, Mariamne eft morte!
Ah! funefte raifon, pourquoi m'éclaires-tu?
Jour trifte, jour affreux, pourquoi m'es-tu rendu?
Lieux teints de ce beau fang que l'on vient de répandre,
Murs que j'ai relevés, palais, tombez en cendre:
Cachez fous les débris de vos fuperbes tours
La place où Mariamne a vu trancher fes jours.
Quoi! Mariamne eft morte, & j'en fuis l'homicide!
Puniffez, déchirez ce monftre parricide;
Armez-vous contre moi, fujets qui la perdez,
Tonnez, écrafez-moi, cieux qui la poffédez.

Un inftant auparavant Hérode avoit oublié
que Mariamne étoit morte, fon efprit égaré la
demandoit encore; tout-à-coup il revient à lui;
il fent tout l'excès de fon malheur. Le fentiment
le plus naturel alors; c'eft de détefter cette funefte raifon qui lui rappelle fon crime, fes remords,
les charmes & l'innocence de Mariamne. Il dira:

Ah funefte raifon, pourquoi m'éclaires-tu? &c.

Mais bientôt jettant les yeux autour de lui, il
verra ce palais, ces murs où tant de fois il avoit
vu Mariamne, ces murs où l'on vient d'ordonner
fon fupplice, devant lefquels on vient de l'exécuter. Il croira les voir teints du fang de Mariamne;
cette image funefte lui fera fouhaiter la deftruction
de fon palais; il voudroit pouvoir cacher fous fes
ruines la place où l'on a fait périr Mariamne, cette
place qui lui reproche fans ceffe fon crime. Il
tourne enfuite les yeux fur lui-même; il ne voit
en lui que l'affaffin de Mariamne; il fait des imprécations contre lui-même. Tous ces acceffoires
font vrais & pris dans la nature. C'eft ainfi que
s'expriment le défefpoir & la douleur. C'eft contre

les lieux qui étoient autour de lui, les lieux qui avoient quelque rapport avec Mariamne qu'il devoit faire des imprécations. Si Hérode, oubliant tout ce qui l'environne, alloit s'en prendre à l'univers entier de la perte de Mariamne; s'il faisoit des imprécations contre la terre & les cieux, s'il désiroit de voir confondre les élémens, enlever l'univers de ses fondemens, rompre le frein des mers, éteindre le soleil, brouiller tout l'univers, ramener le cahos; Hérode seroit un extravagant dont la douleur n'intéresseroit point. Le cœur pénétré de remords, l'ame déchirée de regrets, ne va point chercher si loin des idées; elle les prend en elle-même, ou dans les lieux qui ont un rapport direct avec sa douleur. Ce n'est pas l'univers, les élémens, le soleil, qui frappent d'abord un époux ingrat qui vient de faire périr injustement une épouse innocente; ce sont les endroits, où il l'a vue, où il a joui de sa présence, les endroits où il a ordonné son supplice, où ce supplice a été exécuté. Ce sont ces choses qui lui deviennent odieuses, qu'il voudroit voir anéanties. Voici comme Tristan fait parler Hérode dans ſa tragédie de Mariamne.   Il ſuffit de lire ce morceau pour en ſentir le ridicule.

Quoi! Mariamne eſt morte? ô deſtins ennemis!
La Parque l'a ravie, & vous l'avez permis?
Vous avez donc ſouffert cette triſte aventure
Sans impoſer le deuil à toute la nature!
Quoi, ſon corps ſans chaleur eſt donc enſeveli,
Et l'univers n'eſt point encore démoli?
Vous avez donc rompu l'agréable harmonie;
Que vous aviez commiſe à ſon divin génie?
Vous avez donc fermé ſa bouche & ſes beaux yeux;
Et n'avez point détruit la ſtructure des Cieux?
Cruels, dans cette perte à nulle autre ſeconde,
Vous deviez faire entrer celle de tout le monde;
Enlever l'univers hors de ſes fondemens,
Et confondre les cieux avec les élémens;
Rompre le frein des mers, éteindre la lumière;
Et remettre ce tout en ſa maſſe première.
Mariamne eſt en cendre, & l'ombre du tombeau
Conſerve le débris d'un chef-d'œuvre ſi beau?
Laiſſe agir ta douleur, mets tes mains en uſage,
Arrache tes cheveux, déchire ton viſage;

Oblige tous les tiens à te faire périr,

Ou bien, meurs de regret de ne pouvoir mourir;

Ne te console point, monarque misérable.

Quelle tirade extravagante! que d'images gigantesques accumulées fans goût! On ne voit point ici le perfonnage; c'eft le poëte qui paroît toujours. On fent qu'il n'étoit point pénétré de fon fujet, que fa tête feule lui fournifloit des idées; mais que fon cœur étoit froid. S'il s'étoit mis à la place d'Hérode; s'il avoit fu monter fon ame à ce degré d'enthoufiafme, fi néceffaire pour peindre les grandes paffions; il n'auroit pas fongé à faire *démolir l'univers;* il n'auroit pas regretté dans Mariamne *l'agréable harmonie que les deftins avoient commife à fon divin génie;* cette idée alambiquée ne fauroit être l'effet d'une douleur fubite, & d'un défefpoir furieux. Quelle froide gradation dans cette décompofition de l'univers! Il falloit *faire périr tout le monde; enlever l'univers hors de fes fondemens, confondre les cieux avec les élémens; rompre le frein des mers, éteindre la lumière, & enfin remettre le tout en fa maffe première.* Comme tout cela eſt éloigné du ſujet! Ne diroit-on pas que le poète brouille le cahos à peu près dans le même ordre dans lequel on l'avoit débrouillé? Dans les cinq derniers vers l'idée principale eſt aſſez naturelle. Hérode doit déſirer d'être anéanti, ſon exiſtence lui devient odieuſe; mais les moyens ſont trop petits & trop bas. *Mets tes mains en uſage, arrache tes cheveux, déchire ton viſage;* ces idées, & ſurtout la dernière, ont quelque choſe de dégoûtant. Avec quelle nobleſſe au contraire, Hérode n'exprime-t-il pas ſon déſeſpoir dans la tragédie de Voltaire:

Puniſſez, déchirez ce monſtre parricide,

Armez-vous contre moi, ſujets qui la perdez,

Tonnez, écraſez-moi, cieux qui la poſſédez.

Il voit ſes ſujets lui reprocher la mort de leur reine. Il ſent qu'il mérite d'être l'objet de leur haine & de leur fureur. Les remords le déchirent; il voit la foudre ſe former dans les cieux, dans les cieux où l'ame innocente de Mariamne vient de s'envoler indignée. Odieux à lui-même il vou-

droit accélérer le fupplice qui doit expier fa faute &
le délivrer de fes remords ; & tout cela eft lié avec
la fituation de fon cœur. Cette liaifon manque ab-
folument dans Triftan. Dans celui-ci c'eft le
défefpoir d'un homme du peuple; dans Voltaire
c'eft le défefpoir d'un Roi.

Ces exercices fuffiront pour faire fentir aux
jeunes gens la manière dont il faut chercher & ordonner fes idées. Nous aurons occafion de traiter
cette matière plus en détail dans notre cours de
littérature, & nous parlerons fouvent des acceffoires en cherchant les règles du ftyle & de la
grammaire.

FIN de la première Partie.

ANNONCES

ET

CRITIQUES.

A

ANNONCES

ET

CRITIQUES.

Sur la forme des Gouvernemens, & quelle en est la meilleure ? Differtation qui a été lue dans l'affemblée publique de l'Académie de Berlin, le 29 Janv. 1784, pour le jour anniverfaire du Roi,

Par M. de Hertzberg, Miniftre d'Etat & Membre de l'Académie.

Tel eft le titre fous lequel M. de Hertzberg a réuni, dans une brochure de 48 pages *in-*8°, plufieurs chofes qui doivent intéreffer les bons Pruffiens.

L'auteur avoue que M. de Montefquieu a jetté beaucoup de lumière fur la queftion de la meilleure forme des gouvernemens; mais il croit cependant qu'*elle pourroit être encore portée à des principes d'une évidence plus incontestable par un raisonnement suivi & fondé sur les abstractions qu'on peut faire de l'histoire & de l'expérience de tous les gouvernemens.* Suivons ces raisonnemens, & voyons comme M. de H. jette de nouvelles lumières sur une question éclaircie par l'immortel Montesquieu.

M. de H. définit les trois espèces de gouvernemens; c'est-à-dire *monarchique, despotique & républicain;* puis il entre en matière: " Il ne me
„ seroit pas difficile, dit-il, de prouver par l'his-
„ toire, que le gouvernement républicain, sur-
„ tout l'Aristocratie, dégénère plus souvent en
„ despotisme que la monarchie, & que ses épo-
„ ques sont ordinairement les plus heureuses &
„ les plus brillantes quand il se rapproche du
„ gouvernement monarchique.

„ La monarchie est, sans contredit par sa
„ nature, la plus ancienne forme de gouverne-
„ ment, & la première qui a uni les sociétés.
„ . . . .

„ Une monarchie héréditaire tempérée par de
„ bonnes lois fondamentales, qu'on adopte au
„ local du pays & au caractère de la nation, eſt à
„ mon avis, la forme du gouvernement la plus
„ propre à produire & à effectuer le bonheur des
„ hommes, des ſociétés & des nations. Comme
„ le pouvoir y réſide dans la volonté d'un ſeul
„ ſouverain héréditaire, il a pour lui la plus forte
„ préſomption, qu'il n'en fera uſage que pour le
„ bien de ſon peuple, parce que ſa gloire, ſa
„ puiſſance, ſa tranquillité, & même ſa conſerva-
„ tion ſont inſéparablement attachés au bonheur
„ de ſes ſujets. L'expérience la plus générale,
„ ſur-tout dans notre ſiècle .... convertit cette
„ préſomption en certitude morale.

Dans les républiques, au contraire, les volontés
d'un grand nombre de citoyens ne ſe réuniſſent
jamais pour le bien public; parce que, dit M. de
H., chaque particulier ne poſsède qu'une portion
médiocre de l'Etat; parce qu'il s'en trouve toujours qui veulent s'approprier la plus grande partie
de l'autorité; c'eſt-à-dire qui veulent gouverner
eux-mêmes.

A iij

L'expérience de tous les tems fait voir auffi
que les monarchies fe confervent dans une longue
fuite de fiècles, & prefque toujours dans leur
forme monarchique. Au lieu que les républiques
n'ont qu'une durée beaucoup plus courte; & celles
de nos jours ne fe foutiennent que par leur fituation, la jaloufie de leurs voifins, ou d'autres caufes
étrangères.

Il paroît décidé à M. de H. par l'hiftoire &
l'expérience, que les monarchies font beaucoup
plus propres à attaquer & à fe défendre que les
républiques, & que leur exiftence eft plus affurée.

La monarchie peut auffi le difputer aux républiques du côté de l'adminiftraftion civile. Un
monarque a plus de moyens de donner l'activité à
toutes les parties du gouvernement intérieur : il
trouvera *fon compte* à affurer à tous fes fujets la
liberté & leurs propriétés, pendant que la vie,
l'honneur & les propriétés font bien moins en
fûreté dans tous les Etats républicains.

Les défauts de la république en font inféparables par la nature de l'homme; ceux de la monarchie n'y font pas inhérens.

Ici, c'eſt-à-dire à la 11me page, M. de H. ſemble perdre de vue ſon ſujet, pour prouver par dix pages, que le gouvernement de l'ancienne Germanie, aujourd'hui l'Allemagne, a toujours été monarchique; puis il examine la nature des corps intermédiaires qui doivent concourir ſous les auſpices du ſouverain à l'adminiſtration civile. Cette digreſſion conduit M. de H. à faire l'éloge du patriotiſme des Pruſſiens, & ſur-tout celui des Poméraniens, ſes compatriotes; & il en conclut, contre Monteſquieu, que la vertu, ou le patriotiſme, ne fait pas la *propriété caractériſtique* des gouvernemens républicains; & que ce ſavant a embrouillé ſes idées, & n'a avancé qu'un ſophiſme.

Le principe, ſelon M. de H., eſt la cauſe mouvante, & en même tems le but des actions humaines; & ce *principe* ou *cette cauſe mouvante*, ou ſi vous voulez ce but, eſt l'amour de ſoi-même. La vertu n'eſt donc, ni la cauſe, ni le but, ni le principe d'un gouvernement; elle n'en eſt que le moyen. On parvient plus ſûrement à ce but, à ce principe, à cette cauſe mouvante dans les monarchies que dans les républiques. Ce principe

confiste en trois chofes: *la fûreté, la richeffe &*
l'honneur. On parvient plus fûrement à ces trois
chofes dans la monarchie, fur-tout à la fûreté &
à l'honneur. Dans la république, on ne parvient
prefque jamais à la fûreté perfonnelle; on y parvient aux richeffes & à l'honneur par les mêmes
vertus que dans les monarchies; mais plus fouvent par le vice. Les vices influent d'une manière
fi décifive dans la république, qu'ils l'emportent
prefque toujours fur le véritable nombre des vertus
qui ofent fe montrer. Les républiques refteront
toujours les mêmes par leur vice radical & inhé-
rent; mais on peut efpérer que les fouverains feront
toujours, ou du moins pour la plupart, bons &
vertueux, à mefure que les fiècles deviennent plus
éclairés, & depuis qu'on donne aux princes une
éducation fi excellente, & qu'ils ont vu l'exemple
d'un règne monarchique fort, bon & fage, re-
compenfé par la gloire la plus générale & la mieux
méritée, par l'amour du peuple, par l'admiration
des nations, & par une fortune auffi foutenue que
brillante. M. de H. veut parler ici du règne du
roi de Pruffe, & faifit cette occafion pour faire un

détail des sommes que ce monarque a employées dans le cours de l'année précédente au bien de ses Etats. Ce détail intéressant remplit les 16 dernières pages de la Dissertation sur la meilleure forme des Gouvernemens. „

Nous croyons avec M. de H. que sur dix princes qui montent sur le trône, s'il s'en trouvoit toujours huit qui pensassent comme le roi de Prusse, la question de la meilleure forme de gouvernement seroit décidée. Mais si M. de H. veut bien parcourir tous les règnes que l'histoire ancienne & moderne nous offre dans les monarchies, pourra-t-il, dans cette foule immense, nous présenter plusieurs rois qui aient réuni tant de qualités propres au gouvernement; pourra-t-il en trouver un seul? Nous désirons bien avec M. de H. que les princes deviennent meilleurs & ressemblent tous à Frédéric; mais jusqu'ici nous n'avons pas vu la révolution étonnante qui s'est faite dans l'éducation des princes. Nous avons vu des Etats où l'on a chassé un grand homme qui apprenoit à penser à un prince, pour mettre à sa place un vil capucin; nous voyons tous les jours que l'éclat qui environne le trône éblouit un enfant, lui fait tourner la tête avant qu'il y foit monté; & rend inutiles toutes les inftructions qu'on veut lui don- ner. Pour élever les enfans des fouverains, pour les rendre vraiment dignes du trône, il faudroit les enlever dès leur naiffance, & les tranfporter au milieu des hommes, afin de les former à l'école de l'expérience & du malheur. Que peu- vent-ils apprendre au milieu des flatteurs gagés qui les environnent prefque toujours? La philo- fophie qui éclaire les autres hommes, n'eft fou- vent chez les monarques qu'un inftrument dont ils favent fe fervir pour leurs intéréts.

Il me femble qu'en raifonnant fur les gouver- nemens, on réalife ordinairement des abftractions. Les gouvernemens ne font rien: ce font les hom- mes qui font tout. Tout gouvernement eft bon fi les hommes font bons; mauvais fi les hommes font méchans. Il n'y a donc point de gouverne- ment en lui-même qui foit préférable à l'autre. Si les hommes étoient bons, fi l'opinion générale couvroit d'ignominie un prince qui feroit le mal; fi cette opinion étoit affez forte pour le faire

trembler fur le trône, il n'y auroit peut-être pas
de gouvernement plus doux & plus heureux que
le defpotique. Le prince ne feroit au-deffus de la
loi que pour en adoucir la rigueur. Il ne feroit
maître de tout que pour faire plus de bien. Jamais
Alexandre n'eût défolé la terre, fi la Grèce n'eût
pas eu la folie d'élever des autels aux avanturiers
qui coûroient le monde pour égorger des hommes.

La fociété me femble un amas informe d'ufages,
d'opinions & de lois de toutes efpèces, que le
hafard a entaffés fans ordre. Aucune de ces parties ne porte fur un fondement folide; elles ne
font point appuyées folidement les unes fur les
autres. Dès qu'on veut en toucher une, les
autres s'ébranlent, & la maffe menace ruine. Pour
refaire un édifice folide & régulier, il faudroit commencer par les fondemens. Ce n'eft pas les gouvernemens qu'il faut changer, ce font les hommes; c'eft
leur manière de voir, de penfer, de fentir; c'eft
l'opinion générale, les mœurs, les récompenfes de
la vertu, les punitions du vice. Nous nous abufons
en croyant que l'homme foit effentiellement méchant. En penfant ainfi, nous outrageons la nature;

nous la confondons avec l'habitude. L'habitude du bien feroit bien plus forte que celle du mal.

Il nous femble encore que M. de H. juge Montefquieu avec un peu trop de rigueur. Les idées de ce grand homme ne font point embrouillées : rien n'eft plus clair que ce qu'il dit fur le principe des gouvernemens.

Le principe du gouvernement, dit M. de M., c'eft ce qui le fait agir. Dans le gouvernement monarchique, c'eft la force des lois qui fait agir; dans le defpotique, c'eft la force du defpote; dans le républicain, c'eft la vertu. Dans une monarchie où celui qui fait exécuter les lois fe juge au-deffus des lois, on a befoin de moins de vertu que dans un gouvernement populaire, où celui qui fait exécuter les lois, fent qu'il y eft foumis lui-même, & qu'il en portera le poids.

Rien n'eft plus clair. Et fi M. de H. trouve ces idées obfcures, cela prouveroit tout au plus qu'il ne les a pas bien comprifes. En effet M. de M. ne dit pas qu'il ne fe trouve point de vertu dans les monarchies; il dit feulement, qu'on n'a pas befoin de vertu politique dans les monarchies, parce qu'elles peuvent agir fans cela. Les actes de patriotifme des Pruffiens & des Poméraniens font fans doute admirables; mais quand ils n'en auroient jamais fait, quand ils ne feroient pas difpofés à en faire, le gouvernement pruffien, c'eft-à dire la loi, en feroit-elle moins active, & ces actes prouvent-ils que la vertu n'eft pas le principe des républiques?

Dans les monarchies, dit M. de M., fi le monarque ceffe de faire obferver la loi par négligence ou par mauvais confeil, il peut aifément réparer le mal; il n'a qu'à changer de confeil, ou fe corriger de cette négligence même. Mais lorfque dans un gouvernement populaire les lois ont ceffé d'être exécutées, comme cela ne peut venir que de la corruption de la république, l'Etat eft déjà perdu.

Ne nous arrêtons pas davantage fur le fond de la queftion; examinons maintenant le ftyle & la diction de ce mémoire.

L'extrait que j'en ai fait, a pu faire juger du plan. En général ce mémoire n'eft pas bien écrit; & l'on voit à chaque ligne que l'auteur ne poffède pas le françois. Nous nous contenterons d'examiner quelques-unes de ſes expreſſions.

Sur la forme des Gouvernemens, & quelle en eſt la meilleure? On voit dans ce titre le pronom relatif *en* mal employé. Ce pronom répond à *de,* ſert à déſigner une choſe dont ont a déjà parlé, & fait le même effet que ſi on répétoit cette même choſe. Ainſi ce pronom eſt mal employé toutes les fois qu'on ne ſauroit le tourner par *de.* On dit bien : *cette affaire eſt délicate, le ſuccès* en *eſt douteux ;* c'eſt-à-dire le ſuccès *de* cette affaire. Mais on ne ſauroit dire: *ſur la forme des gouvernemens, & quelle* en *eſt la meilleure?* parce que cette phraſe reviendroit à celle-ci : *quelle eſt la meilleure de forme des gouvernemens?* ce qui n'eſt pas françois. Il falloit mettre tout ſimplement, & *quelle eſt la meilleure?*

(Page 2) *Je me flatte de n'être pas* déſaprouvé *qu'après avoir produit ici ... mes idées ... je* préſente........ *Etre déſaprouvé que je préſente* n'eſt pas françois.

Nous célébrons la révolution annale *d'un des meilleurs gouvernemens. Annal* eſt un terme de pratique qui fe dit d'un acte qui n'eft valable que pendant un an. Il falloit dire *annuelle*.

(Page 10) *J'en provoque aux guerres civiles de toutes les nations.* Montefquieu n'auroit pas trouvé beaucoup de clarté dans cette phrafe. *Provoquer* ne fignifie autre chofe qu'*inciter, exciter, pouffer* à faire quelque chofe. M. de H. n'a pas voulu dire probablement qu'il *provoque*, qu'il *excite* des guerres civiles chez toutes les nations. Je ne faurois deviner fon idée.

(Page 18) *C'eft de-là qu'originent les diettes de l'Allemagne, de la Hongrie, &c.* Voilà affurément la première fois que le verbe *originer* fe trouve imprimé. Il falloit dire : *c'eft de-là que les diettes d'Allemagne, &c. tirent leur origine.*

Tibère, Néron, Louis XI & Jean Bafilide n'ont pas fait tant de mal à leurs Etats que les guerres civiles des Triumvirs l'ont fait à Rome. L'ont fait, quoi ? Il n'y a point de mot dans la phrafe auquel on puiffe rapporter ce *le* ou ce *la.* Il falloit dire, *en ont fait.*

Ce petit échantillon fuffira pour montrer que les grandes idées de M. de H. ne font pas expri-

mées avec toute la pureté poſſible. Nous pourrions citer encore un grand nombre d'exemples
de la même eſpèce, tels que : *la rançon* putative
des ames , (page 17) *le chef* temporaire *de l'Empire ,* (page 20) *&c. Putatif* ne ſe dit que de Jo-
ſeph, qui étoit le père *putatif* de Notre Seigneur
Jéſus-Chriſt. *Temporaire* eſt un barbariſme. Malgré les petites fautes qui déparent cette diſſerta-
tion, je ne doute point qu'elle ne faſſe un très-
bon effet dans le nouveau recueil des Mémoires
de l'Académie de Berlin. Tout ce qui nous fait
un peu de peine, c'eſt de voir que Monteſquieu
y ſoit accuſé d'avoir embrouillé ſes idées, ſans
qu'on ait pris la peine de débrouiller celles du
ſyſtême *putatif* qu'on lui oppoſe. C'étoit un grand
homme que Monteſquieu !

⊹══════════⊹

De

*De l'économie (*) des anciens Gouvernemens, comparée à celle des Gouvernemens
modernes,* par M. PRÉVOST.

Mémoire de 66 pages.

S'IL n'entroit pas dans mon plan d'annoncer &
de critiquer tous les ouvrages françois qui paroiffent à Berlin, je n'aurois rien dit de celui-ci,
dont l'utilité eft extrêmement mince. Le but de
l'auteur eft de prouver que l'économie des anciens
Gouvernemens étoit très-inférieure à celle des
Gouvernemens modernes; ou plutôt que l'adminiftration des finances chez les anciens le cède de
beaucoup à celle des modernes.

(*) Au fujet de mes critiques, on a avancé dans une
gazette cenfurée à Berlin, que je *vendois ma plume à des
haines particulières.* Cette impofture a fans doute échappé
à l'œil vigilant du cenfeur de cette feuille. Ceux qui me
connoiffent, favent que rien n'eft fi oppofé à mon caractère, que de vendre ou de louer jamais ma plume à
qui que ce foit.

En lifant le titre de ce mémoire, on s'imagine que M. Prévoſt va comparer ici réellement,
dans toute ſon étendue, l'économie politique des
Gouvernemens anciens avec celle des modernes.
On ſe tromperoit : à la *page* 5, l'auteur nous
apprend comment nous devons reſtreindre le ſens
de ſon titre.

 « Un auteur moderne, dit-il, a réduit à trois
 „ principes les ſciences de l'économie politique :
 „ ſuivre la volonté générale ; exciter la vertu pu-
 „ blique, & pourvoir aux beſoins de l'Etat. Sur
 „ les deux premiers points, je ne ferai qu'une
 „ obfervation, qui terminera ce mémoire. C'eſt
 „ du troifième que je vais m'occuper, non dans
 „ toute ſon étendue, mais en me bornant aux
 „ moyens immédiats par lefquels les Goûverne-
 „ mens pourvoient aux beſoins, tant ordinaires
 „ qu'extraordinaires, qu'exige une adminiſtration
 „ conſtante & vigoureufe ; c'eſt-à-dire à l'ordre
 „ & aux reffources en ufage pour le maintien du
 „ tréfor public. »

L'auteur nous indique par-là que le titre de
fon mémoire a deux fois trop d'étendue, & qu'il

auroit dû fe borner, tout au plus, à nous annoncer un *mémoire fur l'adminiftration des finances chez les anciens, comparée à l'adminiftration des finances chez les modernes.*

Quoi qu'il en foit, le principal défaut de ce mémoire, c'eft d'offrir des objets peu utiles. Car fi l'adminiftration des finances eft plus parfaite chez nous que chez les anciens, la comparaifon de ces deux adminiftrations eft affez indifférente, puifque nous ne faurions en retirer aucun profit. M. Prévoft a fenti lui-même ce défaut ; il dit dans un avertiffement qui eft à la tête de l'ouvrage : *Que fes remarques font fufceptibles de développement ; mais qu'il ignore fi c'eft la peine de fe livrer à un travail plus étendu fur ce fujet.* On ne peut nier cependant qu'on ne trouve dans ce petit mémoire des recherches & des obfervations, qui font honneur à l'érudition de l'auteur. Mais examinons-le par rapport à la partie du ftyle & de la pureté du langage, qui eft notre objet principal. Prenons le commencement.

" L'admiration de quelques écrivains pour les ,, *conftitutions anciennes*, m'a paru toujours fort

„ outrée : & les *erreurs* des Gouvernemens, bien
„ qu'inexcufables & funeftes, me femblent à quel-
„ ques égards, *préférables aux calamités* qu'en-
„ *traînoient* les vues bornées & l'inexpérience des
„ Etats de l'antiquité.

Conftitutions anciennes me paroît ici trop vague ; fur-tout au commencement de l'ouvrage, où
l'auteur n'a pas encore établi fon fujet. Il y a tant
de conftitutions ! D'ailleurs *conftitutions* au plu-
rier ne peut s'employer pour défigner l'état politique des Gouvernemens ; il fignifie plutôt lois,
ordonnances ; & c'eft dans ce fens qu'on dit : *les
conftitutions des Empereurs, les conftitutions im-
périales, canoniques, eccléfiaftiques,* &c. Mr. P.
auroit donc mieux fait d'employer ce mot au
fingulier, & de le déterminer par quelqu'adjectif,
qui achevât d'en fixer l'acception. Ainfi il auroit
peut-être mieux fait de dire : *L'admiration de
quelques écrivains pour la conftitution politique des
anciens Gouvernemens, &c.* Ou fi cette phrafe
n'avoit pas rendu fon idée, & qu'il eût voulu parler
en effet des lois & ordonnances des anciens Gouvernemens, il auroit été à propos de dire : *l'admi-*

ration de *quelques écrivains pour les conſtitutions des anciens Gouvernemens.* Car il y a une grande différence entre les *conſtitutions anciennes* & les *conſtitutions des anciens Gouvernemens.* Les premières, ſont les conſtitutions qui ont précédé celles qui ſont actuellement en vigueur; ce qui ne ſignifie point les conſtitutions des anciens. Ainſi les conſtitutions de Charlemagne, connues ſous le nom de *capitulaires,* ſont des *conſtitutions anciennes,* & non *des conſtitutions des anciens,* dans le ſens que pourroit l'entendre M. Prévoſt.

Des erreurs inexcuſables & funeſtes, préférables à des calamités.

Il paroît que Mr. P. n'a pas compris ici ee que ſignifie *préférable.*

Préférable ſignifie ce qui mérite d'être préféré.

Pour préférer une choſe à une autre, il faut reconnoître dans les deux choſes des bonnes qualités, & en trouver dans l'une de meilleures que dans l'autre. La préférence ſuppoſe donc l'excellence d'un objet ſur un autre.

Or peut-on dire que des *erreurs inexcuſables & funeſtes* ayent de bonnes qualités? Peut-on dire que des *calamités* en ayent aussi, & que l'une ou l'autre de ces chofes foit préférable ?

Les vues bornées & l'inexpérience entraînoient des calamités. Entraîner, c'est traîner avec foi. Pour traîner quelque chofe avec foi, il faut né-ceffairement faire un mouvement foi-même : ce qui n'agit point, *n'entraîne point. Des vues bor-nées* n'agiffent point, l'*inexpérience* est un défaut d'expérience ; ce ne font point des actions ; elles ne peuvent rien entraîner. *Les paffions entraînent ; les torrens entraînent ; la guerre entraîne :* mais l'inaction, l'inexpérience, une vue bornée, n'en-traînent rien. Continuons :

" Il est impoffible, *à la vérité,* de *comprendre*
„ *fous un même point de vue* tant de *Gouverne-*
„ *mens* anciens *diftingués par leur étendue* & par
„ la diverfité de leurs lois ; mais on peut dire en
„ général, qu'à l'exception de Carthage, *dont*
„ *les vainqueurs ont effacé l'hiftoire,* & de l'an-
„ cien royaume de Perfe confondu de bonne
„ heure avec l'empire des Mèdes, la plupart des
„ Etats étoient, du tems des Grecs, d'une force
„ & d'une étendue trop difproportionnée.

Nous avons vu qu'il ne faut pas trop louer *les constitutions anciennes*, & qu'à quelques égards, il faut *préférer* les *erreurs modernes* aux *calamités anciennes*. Voici maintenant un *à la vérité*, qui nous annonce un aveu de quelque difficulté, de quelqu'inconvénient relatif à ce qu'on vient de dire. Et quelle fera cette difficulté relative à la *préférence* des *erreurs modernes fur les calamités anciennes*? C'est qu'*il est impossible de comprendre fous un même point de vue tant de Gouvernemens anciens, diftingués par leur étendue*. On ne fauroit, *à la vérité*, appercevoir la liaifon qu'il y a entre cette *impoffibilité* & la période précédente; car pour juger que les *erreurs* des Gouvernemens modernes font *préférables* aux calamités anciennes, il ne falloit point du tout qu'il fût poffible de comprendre tous les Gouvernemens anciens fous un feul point de vue; il falloit au contraire les examiner chacun en particulier, & en tirer une conclufion générale. Il y a bien de la différence entre une conclufion générale formée d'après une quantité de conclufions particulières, & un *même point de vue fous lequel on comprend un objet*. Si

B iv

l'on ne comprenoit tous les Etats que fous un même point de vue, on ne pourroit juger que du *point fous lequel on les auroit* confidérés; & ce ne feroit pas la manière de comparer leurs calamités avec nos erreurs, pour préférer les unes aux autres.

Des Gouvernemens diftingués par leur étendue.

Le mot *gouvernement* peut avoir ici trois fens différens. Il veut dire ou *la manière de gouverner*, ou *la conftitution d'un Etat*, ou enfin *ceux qui gouvernent.* Or dans aucun de ces fens, on ne fauroit dire, qu'un *Gouvernement a de l'étendue.*

Je ne crois pas que Mr. P. ait entendu ici par le mot *Gouvernement* une province foumife à un Gouverneur; car en ce fens, on peut dire qu'*un Gouvernement a de l'étendue.*

Les vainqueurs de Carthage ont effacé l'hiftoire de cette ville. Cela eft-il bien clair ? Si cela eft clair, cela eft-il bien vrai ?

L'auteur continue :

„ L'Afie & la partie orientale de l'Europe où
„ *la police* s'étoit fixée, n'offroient pas aux yeux
„ de l'obfervateur *cette divifion remarquable de*
„ *notre occident* entre des puiffances égales &

„ d'une grandeur limitée: on n'y voyoit, pour
„ ainſi dire, que deux eſpèces de Gouvernemens:
„ le deſpotique, le républicain.

Le mot *police* me paroît pris ici dans un ſens
que nous ne lui donnons pas. Ce terme eſt reſtreint
en françois à un ſeul Etat, à une ſeule ſociété, à
une ſeule ville. On ne dit point *la police des
Etats de l'Europe*, mais *la police de la France, de
l'Angleterre, de Paris, de Londres, de Berlin.*
Ainſi l'on ne dira pas non plus: *la police de l'Aſie
& de la partie orientale de l'Europe.*

*L'Aſie & la partie orientale de l'Europe n'of-
froient pas* aux yeux *cette* diviſion remarquable de
notre occident. Aſſurément l'Aſie ne pouvoit pas
offrir aux yeux *cette diviſion remarquable* de notre
occident; mais elles auroient pu offrir une diviſion
ſemblable *à cette diviſion* remarquable de notre
occident. On diroit que par le pronom *cette*, l'auteur a voulu appuyer ſur le défaut de cette phraſe,
& dénatures davantage le caractère de ſon idée.
L'analyſe de cette page ſuffira pour nous donner
une idée du ſtyle de l'auteur. Relevons encore
quelques fautes.

Voici une phrase bien extraordinaire, que l'on trouve *page* 12. On lit :

" Ariftide frappé de la néceffité d'oppofer de
„ puiffans moyens aux irruptions des Mèdes, fut
„ un de ceux qui preffa le plus l'établiffement de
„ ces fubfides. *On fonda de leur produit un tréfor*
„ *à Délos, que la défiance envers Lacédémone fit*
„ *depuis tranfporter à Athènes.*

La plus légère connoiffance des règles de la conftruction auroit fait fentir à l'auteur que cette phrafe y eft entièrement contraire.

Les parties effentielles ne font pas auffi rapprochées qu'elles pourroient l'être; les mots ne font pas placés à côté de ceux avec lefquels ils fe lient naturellement; la plus grande liaifon des idées n'eft pas obfervée.

1°. *De leur produit,* interrompt la liaifon qu'il y a entre le verbe *on fonda* & fes rapports effentiels, *un tréfor, à Délos.* D'ailleurs, *de leur produit* fe lie fi naturellement à la phrafe précédente ! *Ariftide fut un de ceux qui preffa le plus l'établiffement de ces fubfides. De leur produit on fonda....* Rien n'étoit fi naturel; il ne falloit pas fe mettre l'esprit à la torture pour trouver cela; il suffisoit d'avoir une légère teinture de sa langue.

2°. Le régime direct, *un tréfor*, eft modifié par une propofition, *que la défiance envers Lacédémone fit depuis tranfporter à Athènes.* Or les règles de la conftruction exigent que cette propofition qui modifie un mot foit rapprochée de ce mot autant qu'il eft poffible: c'eft ce qu'on ne trouve pas ici; & il auroit fallu dire : *un tréfor que la défiance envers Lacédémone fit depuis tranfporter à Athènes.*

3° *Depuis* eft un adverbe de tems, qui ne devoit pas être placé entre *fit* & *tranfporter;* parce que ces deux verbes ne forment qu'une feule expreffion, & font inféparables. On dit bien : *il a fait faire depuis une belle maifon;* mais on ne dit pas : *il a fait depuis faire une belle maifon.* Il en eft de même de *faire tranfporter;* il faut dire: *il l'a fait tranf-porter depuis;* & non, *il l'a fait depuis tranfporter.*

Enfin voilà notre petite phrafe corrigée. Copions au net:

" Ariftide frappé de la néceffité d'oppofer de
» puiffans moyens aux irruptions des Mèdes, fut
» un de ceux qui preffa le plus l'établiffement de

„ ces subfides. *De leur produit on fonda à Délos*
„ *un tréfor, que la défiance envers Lacédémone fit*
„ *transporter depuis à Athènes.*"

On trouve auffi dans ce mémoire: *la dixième,
la cinquantième, la trentième,* &c. au lieu de *le
dixième, le cinquantième, le trentième.* On y
trouve, de la *teftamentifaction, des argumens
inéluctables* qui font toujours *inapperçus* entre *des
mains* adroites ; *des réflexions qu'il faut fonder,*
pour dire, *des réflexions qu'il faut approfondir.*

A travers le ftyle de l'auteur, on démêle cependant quelquefois des étincelles de philofophie,
comme on voit briller une paillette d'or au milieu
d'un monceau de fable. Mais il faut bien de
l'attention pour les appercevoir ; qu'on en juge
par le morceau fuivant :

" Eft-on affez convaincu de la néceffité de favo-
„ rifer la communication des lumières ? L'amour-
„ propre ne perfuade-t-il pas à *plufieurs,* que les
„ idées utiles ne germent point dans d'autres cer-
„ veaux ? *Pourroient-ils ainfi méconnoître* (*a*)

(*a*) Quel rapport la tournure de cette phrafe a-t-elle
avec la précédente ? Qui font ces *plufieurs ?*

„ l'origine de ces lumières, dont ils fentent fi
„ bien le prix? Ignorent-ils qu'elles fe compofent
„ d'une multitude de clartés éparfes, trop foibles
„ pour être apperçues, que le tems feul peut dé-
„ couvrir; que la pareffe ou les contrariétés
„ étouffent dès leur naiffante, qui ne peuvent
„ s'unir & s'étendre qu'à force de foins & de fa-
„ veurs. *Il eft peut-être des moyens* d'abréger les
„ procès, de fimplifier la popriété, d'encourager la
„ population, de diminuer le nombre des crimes,
„ d'exciter le travail, de favorifer l'induftrie, d'ex-
„ tirper l'erreur & la fuperftition, *(c) que n'ont*
„ point apperçus d'habiles législateurs, & qui
„ naiffent & meurent fans fruit dans quelques
„ têtes auxquelles il ne manque que l'occafion
„ de les développer. Il femble donc qu'on devroit
„ porter fur des objets auffi importans, toutes les
„ vues & l'activité des citoyens & des gens de

(*b*) La conftruction de cette phrafe eft forcée; ce *que*
eft trop éloigné des mots auxquels il a rapport: *Il eft
peut-être des moyens.* Les propofitions qui modifient
moyens font trop longues, & rompent la liaifon. Quand
on eft parvenu à *ce que,* on fe demande à quoi il fe
rapporte?

„ lettres, en excitant leur émulation par des prix
„ libres de toute entrave. (c) ....

　„ Mais un exemple est plus frappant qu'une ré-
„ flexion générale. Il est constant que le nombre

(c) Je ne sais à qui M. Prévost veut faire ici des reproches, mais il me semble qu'il propose comme un projet nouveau, ce qui est pratiqué depuis quelque tems. On propose tous les jours des prix sur la législation. On en a proposé sur les peines criminelles, sur la mendicité, sur les erreurs, & les moyens de les extirper. Ces prix ont été libres de toutes entraves ; ainsi on a fourni occasion de se développer aux *clartés* qui *pouvoient naître dans les têtes*.

Nous voyons encore dans ce pays, que le sage magistrat, qui travaille à composer un nouveau code, propose des prix à tous ceux qui pourront y trouver quelqu'erreur, ou quelque faute. Il est persuadé, ce sage magistrat, qu'un bon code ne sauroit être l'ouvrage de quelques gens de loi ; mais qu'il doit être aussi celui des philosophes. Ainsi voilà encore une occasion pour *les têtes*, de développer les moyens ; *d'abréger les procès, de simplifier la propriété, d'encourager la population* &c. Les vues philosophiques de M. Prévost se trouvent remplies ; & nous croyons qu'il s'est trompé en mettant en question : *Si l'on est convaincu de la nécessité de favoriser la communication des lumières ?* Il y a plusieurs États où l'on est convaincu de cette nécessité, & où on la favorise en effet.

„ des procès qui roulent fur les matières teftamen-
„ taires, eft très-confidérable. Si l'on fonge que
„ la *teftamentifaction* a été longtems ignorée; (*d*)

(*d*) Eft-il bien vrai que la *teftamentifaction* ait été longtems ignorée ? M. Prévoft ne fe trompe-t-il point en affurant que l'habitude de tefter eft la fuite d'un préjugé étranger? De tout tems, l'homme a voulu difpofer avant fa mort des biens qu'il avoit acquis ou reçus de fes parens. Ce droit eft fondé fur le droit de propriété. Il y a apparence qu'il a été en ufage, même avant l'éta-bliffement des lois civiles. Depuis les Hébreux jufqu'à nous, il feroit difficile de trouver un peuple où les teftamens n'ayent point été en ufage. Les Égyptiens faifoient des teftamens: les Grecs empruntèrent d'eux cet ufage, & le firent paffer aux Romains; d'où il s'introduifit chez toutes les nations modernes. Si le projet de M. Prévoft étoit de travailler à détruire *l'ha-bitude de tefter, fondée fur un préjugé étranger*, je penfe que la remarque qu'il fait ici, feroit du nombre de celles que les perfonnes éclairées lui confeilleroient de ne pas étendre. L'habitude de tefter eft fondée fur un préjugé bien plus enraciné encore que celui qui attache une *idée honorable au dernier acte de la volonté*: elle eft fondée fur le préjugé de la *propriété*; préjugé que les jurifconfultes & les philofophes réunis ne détruiront pas facilement, préjugé qui ne peut être réellement détruit que par une révolution dont nous ne voyons pas les apparences.

„ que l'habitude de tester est la suite de ce pré-
„ jugé étranger à toutes les opinions modernes
„ qui attachoit une idée honorable au dernier acte
„ de la volonté; enfin que ce même préjugé l'a
„ entouré des formes les plus bisarres & les plus
„ épineuses, ne sera-t-on point porté à désirer
„ que les jurisconsultes & les philosphes cherchent
„ en commun les moyens de prévenir des abus
„ si préjudiciables? &c.

Dictionnaire

*Dictionnaire catéchétique à l'usage de la jeu-
nesse, où l'on explique les termes employés
dans les matières de religion & de morale.
Par M. CHIFFLARD, Pasteur de l'église françoise de Stettin.*

UN Dictionnaire propre à donner aux jeunes
gens une idée claire & déterminée des principaux
termes de la religion, seroit assurément un ouvrage
très-utile; mais cet ouvrage n'est pas aisé à faire.
Il ne suffit pas, comme a fait M. Chifflard, de mu-
tiler les définitions du dictionnaire de l'Académie
françoise ou d'en donner d'autres de sa façon qui
embrouillent les idées au lieu de les éclaircir; il
falloit plutôt étendre les définitions de l'Académie,
& les mettre à la portée de ceux pour qui on
écrivoit.

D'ailleurs, il ne faut pas que le titre de dictionnaire effraie, c'est une petite brochure de
155 pages, où l'on ne trouve pas peut-être la

C

millième partie des termes dont les pasteurs réformés se servent dans leurs instructions *catéchétiques (a)*. Pour donner une idée de ce prétendu dictionnaire, nous allons en rapporter quelques articles qui feront juger du reste.

„ *Acte*, action, tout ce qu'on fait; un acte
„ d'humilité, de charité, de tempérance, c'est
„ une action faite par humilité, par charité, par
„ tempérance. „

„ *Action*, tout ce qu'on a fait, bonne action,
„ action méprisable. „

Selon Mr. le Lexicographe, il n'y a d'autre différence entre acte & action que du présent au passé. Un acte *est tout ce qu'on fait;* une action *tout ce qu'on a fait.* Ces définitions sont tout-à-fait plaisantes.

Si l'auteur avoit lu avec attention l'article *Acte* dans le dictionnaire de l'Académie, il auroit

---

(*a*) On ne trouve point le mot *catéchétique* dans les dictionnaires de la langue; il y a apparence que c'est une expression du style réfugié. Ce qu'il y a d'étonnant, c'est qu'on ne le trouve pas même dans le dictionnaire catéchétique.

vu que le mot „ *Acte* ſe dit particulièrement des mouvemens vertueux que l'ame produit au dedans d'elle-même, & principalement de ceux qui regardent la religion.   *Acte de foi, acte de contrition, acte d'humilité.* „

„ *Fléchir*, émouvoir, toucher, attendrir, „ *ſoumettre, fléchir ſa volonté à celle de Dieu.* „

M. Chifflard confond ici deux acceptions dans leſquelles on prend le verbe fléchir ; il y a une grande différence entre le ſens général qu'on attache aux mots émouvoir, toucher, attendrir & celui que l'uſage donne au verbe ſoumettre. Dans le premier ſens, fléchir ſe prend activement ; & l'on dit fort bien *fléchir la dureté de quelqu'un, la cruauté d'un tyran ;* pour dire *adoucir la dureté, la cruauté ; fléchir ſes juges,* pour dire *attendrir ſes juges.*

Mais lorſque ce verbe ſignifie *ployer, courber, ſoumettre ;* Il n'eſt guères d'uſage à l'actif que dans ces phraſes, *fléchir le genou, fléchir les genoux.* (V. Dict. de l'Acad. franç.)   Ainſi l'exemple que donne Mr. le Lexicographe eſt une phraſe qui n'eſt point françoiſe, car l'on ne dit point *fléchir ſa volonté à celle de Dieu.*

„ *Illégitime,* qui eſt contre la loi; *enſuite dé-*
„ raiſonnable. „

On ne ſait trop ce que ſignifie cet *enſuite dé-*
raiſonnable.

D'ailleurs *illégitime* n'eſt point du tout ce qui
eſt contre la loi, mais ce qui n'a pas les conditions, les qualités requiſes par la loi pour être
légitime, & il y a bien de la différence.

Il n'y a de bon dans ce petit catalogue de
mots que les articles où M. Chifflard a copié mot-
à-mot le dictionnaire de l'Académie françoiſe.
Faire des dictionnaires de cette manière, c'eſt
vouloir conſacrer par des règles & des exemples
des fautes que l'ignorance & la mauvaiſe éducation pourroient quelquefois faire excuſer.

Oberon, poème en quatorze chants de M. WIELAND. Traduction libre en vers.

CE poème héroï-comique de M. Wieland a eu le plus grand succès en Allemagne, & il le méritoit. Il est composé en octaves à l'imitation des poèmes italiens. Le traducteur ne trouvant pas apparemment assez de difficultés à rendre en vers françois un poème allemand où règne la plaisanterie; a cru devoir encore s'asservir à faire sa traduction en octaves, comme l'original. Il a voulu nous prouver, comme il le dit dans sa préface, *que si des hommes de génie vouloient essayer de faire quelques poèmes en octaves, la France en auroit bientôt de comparables à ceux de l'Arioste & du Tasse.* Si un mauvais ouvrage peut prouver la possibilité d'en faire un bon; j'avoue que le traducteur a atteint son but. Je fais cette critique avec assurance, parceque je n'ai pas lieu de croire que le traducteur la trouve trop sévère. Il étale une modestie

rare dans un auteur, & furtout dans un poète; il
fait fi bien apprécier fon ouvrage, en un mot il
fe rend juftice avec tant de franchife que nous ne
faurions mieux caraétérifer fa traduétion que par
les propres paroles de fa préface. Voici comme
il s'exprime:

  „ C'eft un nouvel objet de gloire (les poèmes
„ en oétaves) que je prends la liberté de propofer
„ à ceux qui voudront entreprendre de l'acquérir.
„ *L'oubli dans lequel tombera bientôt mon ouvrage,*
„ leur laiffera jufqu'à l'honneur de l'invention. „

  Et ailleurs:

  „ Il eft fâcheux pour cet écrivain (M. Wie-
„ land) qu'une plume plus habile que la mienne,
„ ne fe foit pas chargée de traduire ce poème. Il
„ eft généralement reconnu que tous les écrits
„ originaux perdent dans la traduétion. Ce poè-
„ me eft peut-être plus que tout autre dans ce
„ cas. L'efprit de la langue allemande fi diffé-
„ rent de celui de la françoife, mon peu de ta-
„ lent, tout concouroit à faire de moi un traduc-
„ teur infidèle. Pour me mettre à l'abri·de la
„ cenfure, il falloit non feulement rendre exaéte-

„ ment les faits, les penfées, les images dont mon
„ auteur a enrichi fon poème; mais encore les
„ rendre avec l'élégance, la précifion, la légè-
„ reté, & toutes les grâces qui diftinguent les
„ écrits de M. Wieland. Il ne m'a pas prêté fon
„ génie; aurois-je pu écrire comme lui? J'ignore
„ fi peu combien l'ouvrage que je mets fous les
„ yeux du public, eft défectueux, furtout du côté
„ de la fidélité du détail, fi je peux m'exprimer
„ ainfi, que je l'aurois intitulé, imitation, fi un
„ auteur qui, pour être né en Allemagne n'en eft
„ pas moins favorifé des Mufes françoifes, ne
„ m'avoit pas affuré que j'aurois tort, & qu'Obe-
„ ron n'étoit pas fufceptible d'être traduit en vers
„ plus fidèlement que je l'ai fait. „

Après avoir établi la modeftie du traducteur
par des preuves inconteftables, nous en dirons
plus hardiment notre façon de penfer, qui ne fervira qu'à appuyer & développer la fienne.

En général, le traducteur fait affez bien le françois grammaticalement; & l'on ne trouve pas dans
cette traduction un très-grand nombre de folécif-
mes & de barbarifmes, ce qui eft déjà beaucoup

pour un ouvrage françois écrit en Allemagne. Quant au ftyle; il n'en eft pas de même, foit que la contrainte que le traducteur s'eft impofée le force à chaque inftant à des inverfions & à des tranfpofitions violentes; foit qu'il ignore l'effet de l'ordre & de l'arrangement des idées & des mots; on y trouve à chaque inftant des tournures forcées; des dérangemens d'idées qui détruifent la clarté, l'élégance, l'intérêt; en un mot qui rendent la lecture de ce poème extrêmement difficile & ennuyante.

Il en eft de même de la poéfie; on en trouve peu dans cette traduction, prefque toutes les belles images de l'auteur font gâtées ou fupprimées entièrement. Le traducteur y fupplée ordinairement par des idées de fa façon qui ne feroient pas honneur à l'original. En générai il paroît avoir une facilité extraordinaire à faire des rimes, & fi la qualité de rimeur donnoit un nom dans la république des lettres; affurément il pourroit y prétendre. Mais pour celui de poète, je doute que le public le lui accorde.

Comparons quelques morceaux de fa traduction avec l'original, & mettons nos lecteurs à
même de juger s'il mérite même le nom de traducteur ou d'imitateur.

SUJET DU POÈME.

Huon, duc de Guienne, fe trouvant à la cour
de Charlemagne avec fon frère Girard, tue à la
chaffe Charles, fils de l'empereur, qui s'étoit déguifé pour affaffiner Girard.

L'empereur irrité vouloit confifquer fes biens
& le bannir de fes Etats; mais à la prière des
Pairs de France, il lui permet de revenir dans fa
patrie à condition qu'il ira auparavant à Babylone, qu'il entrera dans le palais du Calife au milieu
d'un feftin, qu'il faifira fon épée & coupera la tête
à fon Emir; qu'enfuite il donnera à fa fille trois
baifers en la demandant pour époufe. Après cela
lorfque le foudan en courroux voudra le faire périr; il fe jettera à fes genoux, & lui demandera
pour l'Empereur fon maître quatre de fes dents
œillères, & une poignée de fa barbe blanche.
L'entreprife paroiffoit impoffible, mais Huon en
vient à bout avec le fecours du nain Oberon.

Traduction littérale. (*a*)

9.

Le Paladin dont je vais vous raconter les avan-
tures, pour vous divertir, (si toutefois vous êtes
en train de rire) étoit engagé depuis quelque tems
par sa parole à aller à Babylone. Le deſſein qui
le conduiſoit dans cette ville étoit très-périlleux
même du tems de Charlemagne; de nos jours aucun jeune chevalier ne voudroit courir les mêmes
dangers pour toute la gloire du monde.

Traduction en vers.

9.

Du Paladin dont je chante l'hiſtoire,
Les grands exploits paroîtront fabuleux,
Chers auditeurs, vous ne pourrez les croire.
Quand Charlemagne *en ces jours ſi fameux*,

(*a*) Der Palabin, mit beſſen Abenteuern
     Wie euch zu ergözzen (ſo fern ihr noch ergözbar ſeyb)
     Entſchloſſen ſind, war ſeit geraumer Zeit
     Gebunden durch ſein Wort, nach Babylon zu ſteuern.
     Was er zu Babylon verrichten ſollte, war
     Halsbrechend Werk, ſogar in Karl des Großen Tagen:
     In unſern würd' es, auf gleiche Gefahr,
     Um allen Ruhm der Welt kein junger Ritter wagen.

Se couronnoit d'une immortelle gloire;
A l'empereur mon héros généreux
Promit un jour d'aller à Babylone,
Dans quel deſſein? Juſte ciel! j'en friſſone.

Eſt-ce là une traduction? on ne ſauroit reconnoître les idées de l'original; tout eſt tronqué, défiguré, gâté. Que veut dire *cette immortelle gloire dont ſe couronnoit Charlemagne?* quel rapport cela a-t-il avec le reſte, ou avec l'original?

Le Paladin ſe rend à Rome & baiſe la pantoufle du Pape.

Traduction littérale. (b)

II.

Le Paladin lui baiſe humblement la pantoufle, fait vœu d'être ſoumis, & part avec confiance. Ils ſont grands ſans doute les travaux que l'Em-

(b) Der Ritter küſſet ihm in Demuth den Pantoffel,
Gelobt Gehorſam an, und zieht getroſt dahin.
Schwer war das Werk, wozu der Kayſer ihn
Verurtheilt hatte; doch mit Gott und Sanct Chriſtoffel,
Hoft er zu ſeinem Ruhm ſich ſchon herauszuziehn.
Er ſteigt zu Joppen aus, tritt mit dem Pilgerſtabe
Die Wallfahrt an zum werthen heil'gen Grabe,
Und fühlt ſich nun an Muth und Glauben zwiefach kühn.

pereur exige de lui ; mais avec le ſecours de Dieu & de St. Chriſtophe, il eſpère déjà s'en tirer avec honneur. Il met pied à terre à Joppé, puis il commence un bourdon à la main, le pélérinage du St. Sépulchre. Alors le courage & la foi animent doublement ſon cœur.

Traduction en vers.

II.

Le Paladin du Pape vénérable
Baiſe les pieds &|*court* en d'autres lieux ;
A quels périls l'empereur implacable
Expoſera ce chevalier pieux !
La foi l'anime, il eſt inébranlable ;
Que craindroit - il ? il eſt aimé des cieux,
Avec ardeur le noble Pair de France
Au *ſaint tombeau* ſe rend *en diligence.*

La plaiſanterie, les images, le ton, les idées, tout eſt diſparu. Quelle différence, dans un poème de cette nature, entre *la pantoufle du Pape & les pieds du Pape vénérable ;* pourquoi cette idée vague, *il court en d'autres lieux ;* chaque mot porte à faux. Le cinquième & le ſixième vers diſent à peu près la même choſe, & ne ſe trouvent point

dans l'original.   On n'a jamais dit le *faint tombeau*, au lieu *du faint fépulchre*.   (V. le *Dict. de
l'Acad.* au mot *fépulchre.*)

Dans l'allemand on voit le pieux duc de
Guienne un bourdon à la main, plein de confiance dans le bon Dieu, dans St. Chriftophe, & ré-
conforté par le faint baifer qu'il a appliqué fur la
pantoufle du Pape, commencer gravement le pélérinage du faint fépulchre; & cela eft plaifant.
Que voit-on dans le françois? *Un noble pair de
France qui court en d'autres lieux, qui fe rend avec
ardeur & en diligence vers le faint tombeau.* Ne diroit-on pas que Huon prend la pofte pour fe *rendre
en diligence* au faint fépulchre.   En vérité c'eft fe
moquer du monde de donner de pareilles platitudes pour la traduction d'un joli poème.

Traduction littérale. (c)

13.

Un jour en fuivant fon chemin, il fe trouva
dans une forêt.   Au milieu de la pluie & de l'o-

(c) Einft traf ber Weg ber eben vor ihm lag,
   Auf einen Walb.   Er ritt bey Sturm unb Regen.

rage; il dirige fa monture, tantôt à droite tantôt
à gauche; & erre ainfi pendant une journée entière; forcé fouvent de fe frayer, avec fon large ci-
meterre, un paffage à travers les brouffailles épaiffes.   Il grimpe la montagne pour découvrir les
environs; hélas! plus il étend fes regards, plus la
forêt femble s'étendre auffi.

Traduction en vers.

13.

Pour traverfer une forêt obfcure
Par un orage, il marche en tatonnant;
A pas comptés chemine fa monture:
Plus il avance & plus le bois s'étend;
Un jour entier il erre à l'aventure,
Autour de lui fans ceffe regardant:
Avec fon glaive il fe fraye un paffage
Et n'apperçoit cabane ni village.

Bald links, bald rechts, den ganzen langen Tag,
Und mußt oft erst mit seinem breiten Degen
Durchs wilde Gebüsch sich einen Ausgang hau'n,
Er ritt bergan, um freyer umzuschau'n.
Weh ihm. Der Wald scheint sich von allen Seiten,
Je mehr er schaut, je weiter auszubreiten.

Les idees fe fuivent dans l'original. *Le Pala-*
din fe trouve dans une forêt, par un orage, il erre
pendant toute la journée, il monte fur un éminence
pour tâcher de découvrir une iffue; il n'en voit
point. Tout cela eft naturel, toutes ces idées
font liées. Chez notre traducteur tout eft boule-
verfé, métamorphofé, eftropié. La forêt fe trouve
là tout d'un coup; *le Paladin erre de tous côtés,*
il regarde fans ceffe autour de lui, il fe fraye un
paffage, & n'apperçoit point de village. Ces deux
dernières idées rapprochées, font un effet fort
plaifant; il fembleroit que le héros s'attendoit à
trouver des villages fous les brouffailles qu'il cou-
poit avec fon glaive.

Avec fon glaive il fe fraye un paffage
Et n'apperçoit cabane ni village.

Traduction littérale. (d)

15.

Le voile épais & noir dont le ciel eft couvert;
une forêt inconnue, le rugiffement des lions qui,

(d) Die dichte rabenfchwarze Hülle
Die um den Himmel liegt, der unbekannte Wald,

frappant pour la première fois fon oreille, gronde comme le tonnère, en fortant du fond des antres de la montagne; rugiffemens terribles, qui fe répètent dans les cavernes des rochers & que le morne filence de la nuit rend plus terribles encore; n'étoit-ce pas affez pour faire friffonner pour la première fois un homme qui n'avoit jamais tremblé de fa vie!

Ceux qui favent l'allemand conviendront qu'il y a dans ce morceau des images d'une grande beauté, qu'il eft bien difficile de rendre en françois; notre traducteur qui prétend dans fa préface *que notre langue n'eft ingrate que pour ceux qui n'en favent pas tirer parti;* va nous montrer comme il faut en tirer parti en pareil cas.

Traduc-

Und was zum erstenmal in seinen Ohren schallt,
Der Löwen donnerndes Gebrülle
Tief aus den Bergen her, das durch die Todesstille
Der Nacht noch schrecklicher vom Felsen wiederhallt,
Den Mann, der nie gebebt in seinem ganzen Leben,
Den machte dies zum erstenmal erbeben.

Traduction en vers.

15.

L'obſcurité règne dans la nature;
Et le hibou s'élevant dans les airs,
Pouſſe des cris de fort mauvais augure;
Mourant de faim, mille monſtres divers
Hurlent au loin cherchant leur nourriture:
Quel chevalier errant dans ces déſerts,
Mouillé, recru, ne trouvant nul paſſage,
N'auroit frémi, n'auroit perdu courage?

Ce hibou qui pouſſe des cris *de fort mauvaiſe augure, & qui s'élève dans les airs,* eſt une petite addition que le poète s'eſt permiſe pour renchérir apparemment ſur ſon original; ou plutôt pour remplir ſon octave. Les *monſtres qui meurent de faim,* & qui par conſéquent *cherchent leur nourriture en hurlant au loin,* paroiſſent bien ridicules quand on ſe repréſente ce *rugiſſement des lions qui ſort, comme le tonnère, du fond des antres profonds; & qui ſe répète dans les cavernes des rochers d'une manière terrible, au milieu du morne ſilence de la nuit.* Quelle glace dans ces idées, *mouillé, recru!*

D

que les deux derniers vers font plats! Et dans tout cela où eft l'original?

Traduction littérale. (e)

18.

Tout d'un coup du plus profond du rocher, une large caverne offre à fes yeux fon ouverture béante. Du fond de ce gouffre ténébreux, un feu ardent lance avec bruit des tourbillons de flammes. Le rocher fillonné par les flammes fort dv milieu des ténèbres fous mille formes bizarres, & le feuillage des plantes fauvages qui pendent le long de fes fentes noires, frappé par la réverbération, femble brûler d'un feu verd. A cette vue le héros s'arrête & contemple ces enchantemens avec un plaifir mêlé d'horreur.

(e) Auf einmal gähnt im tiefften Felfengrund
  Ihn eine Höhle an, vor deren finftern Schlund
  Ein praffelnd Feuer flammt. In wunderbaren Geftalten
  Ragt aus der dunkeln Nacht das angeftrahlte Geftein,
  Mit wildem Gebüfch verfetzt, das aus den fchwarzen
                          Spalten
  Herabnickt, und im Wiederfchein
  Wie grünes Feuer brennt. Mit luftvermengtem Grauen
  Bleibt unfer Ritter ftehn, den Zauber anzufchauen.

Traduction en vers.

18.

De tems en tems la clarté difparoît,
Le Paladin anime fa monture:
Vers un grand feu fon chemin le guidoit,
Au pied d'un roc près d'une grotte obfcure,
Le roc, les pins que la flamme éclairoit,
Prenoient aux yeux une étrange figure.
A cet afpect le guerrier voyageur
Fut agité de plaifir & d'horreur.

Eft-il poffible de hacher plus impitoyablement un original? Pauvre Wieland comme te voilà arrangé! & c'eft fouvent fur de telles fottifes que nos dédaigneux méprifent la littérature allemande. Une traduction de cette nature eft une véritable injure faite à l'auteur & à la nation, & je crois que les prétendus gens de lettres qui encouragent le traducteur, n'ont d'autre but que de dénigrer de plus en plus les Allemands. Pour moi, fi je connoiffois le traducteur, je lui dirois qu'il auroit dû fuivre plutôt les mouvemens de fa modeftie que les confeils perfides de fes amis; je lui dirois que fi les auteurs célèbres ont jugé qu'il étoit impoffible de faire des poèmes françois en octaves, il étoit téméraire à un étranger qui n'a aucun nom dans la république des lettres, de s'imaginer, au fond de l'Allemagne, pouvoir frayer cette nouvelle route aux poètes françois. Les octaves font beaucoup plus monotones que les vers à rimes plates; & les deux derniers vers qui terminent chaque stance sont toujours d'une platitude assomante. Dans les vers à rimes plates, ce n'est que le retour continuel de la rime, qui cause la monotonie; & dans les bons vers, cette monotonie est sauvée par l'expression & la pensée: dans les octaves, la monotonie est dans la pensée même; qui dans son vol rapide est toujours obligée de s'arrêter brusquement au huitième vers. Si les octaves réussissent en italien & en allemand, c'est que ces langues moins capricieuses, plus riches en termes & en rimes, moins difficiles pour la versification, offrent au poète mille moyens divers de diriger l'activité de la pensée, & d'en combiner tous les mouvemens avec les bornes qu'il s'est prescrites.

Voici quelques vers qui nous ont paru sur-tout insoutenables:

Page 29.

Dans ce féjour, qu'habite l'innocence
Eſt inconnu ce métal dangereux.

Page 32.

Il dit; *après* s'efcrimant de ſa lance . . .

Idem.

Et ſans vouloir ici m'enfler de gloire,
J'ai ſu prouver cent fois que *j'ai des os* . . .

Page 40.

Pour gambader encore remplis de zèle,
On auroit dit qu'ils *s'alloient fondre* en eau . . .

Page 42.

Avec refpect j'embraſſe vos genoux,
Et *je ne ᴠᴇᴜx ᴘʟᴜs jurer que par vous.*

Page 64.

Je ne dois point omettre un feul ᴊᴏᴛᴀ.

Page 97.

Parlant ainſi la *défolée amante* . . .

Page 143.

L'amour contraint prend toujours plus d'empire,
Rofette pleure, autant en fait Lefcot:
Comme leurs yeux expriment leur martyre!
Pour fe parler, tarare! pas un mot.
Tromperoient-ils l'oreille du Meffire?
Il entendroit chanter un efcargot.

Page 146.

A l'ombre auprès *de la plante fatale;* (d'un poirier).

Page 147.

Réponds, *bichonne,* & fur-tout fois fincère.

Idem.

Qu'on ne voit point *de femme tourterelle . . . :*

Page 150.

A ton *fanfan* crains de *faire du tort . . .*

Page 202.

Bientôt fini, le petit *bâtiment,*
Renfermoit tout pour les befoins d'un fage,
Sobre, difcret, de peu toujours content.

Page 270.

" Foibles appas vous m'avez trop deçue ;
,, Vous ne pouvez m'affujettir un cœur ; "
Soupire Edine : elle baiffe la vue.

Nous avouerons cependant que nous avons trouvé une ftance qui nous a frappés par un vers très-heureux. Huon & fon amante condamnés à être brûlés, font déjà attachés au bûcher ; déjà l'on y met le feu, lorfque le nain Oberon, par fon pouvoir, fait tomber les fers de leurs mains, & les délivre.

Page 307.

Douze muets du Sultan fanguinaire
Vont au bûcher, une torche à la main,
On fait un figne, *& la flamme légère*
Pétille en l'air, vole, brille . . . & s'éteint :
La terre tremble ; on entend le tonnère ;
Des deux époux les fers tombent foudain,
Le tendre amant de la belle Euphémie
Trouve à fon cou le cor du nain génie.

Cette ftance n'eft pas fans beauté, fi l'on en excepte les deux derniers vers. Celui qui peint la flamme pétillante, qui s'éteint tout-à-coup, eſt très-beau. Ici le traducteur s'eſt auſſi éloigné de ſon original; mais il l'a fait avec ſuccès. C'eſt ainſi qu'il faut imiter, quand on ne peut pas rendre. Si tous ſes écarts reſſembloient à celui-là, on les lui pardonneroit aiſément. Mais il faut avouer que cette ſtance eſt la ſeule de tout l'ouvrage où l'on trouve quelque choſe de ſaillant.

Fin du Tome premier.

E R R A T A.

Réflexions générales sur la Langue françoise.

Page 46, ligne 14, *tout-à-ait*, liſez *tout-à-fait.*

Art de Penser.

Page 13, ligne 16, *c'étoit ainſi que les voyoient les anciens,* liſez, *c'étoit ainſi que les anciens voyoient les ames.*

Page 25, ligne 13, *éprouvés*, liſ. *éprouvées.*

— 30, ligne 17, *amilières*, liſ. *familières.*

— 40, ligne 14, *établi*, liſ. *établis.*

— 52, ligne 2, *promis*, liſ. *promiſes.*

— — ligne 11, *la vraie & la fauſſe*, liſ. *la fauſſe & la vraie.*

— 75, ligne 8, *plus heureuſes*, liſ. *les plus heureüſes.*

AVERTISSEMENT.

www.ingramcontent.com/pod-product-compliance
Lightning Source LLC
LaVergne TN
LVHW050250060726
842525LV00002B/267